10 LIÇÕES SOBRE BOBBIO

Dados Internacionais de Catalogação na Publicação (CIP)
(Câmara Brasileira do Livro, SP, Brasil)

Tosi, Giuseppe
  10 lições sobre Bobbio / Giuseppe Tosi. – Petrópolis, RJ : Vozes, 2016. – (Coleção 10 Lições)

  Bibliografia
  ISBN 978-85-326-5219-5

  1. Bobbio, Norberto, 1909-2004 2. Democracia
  3. Direito – Filosofia 4. Direito e política 5. Filosofia política 6. Ideologia 7. Política – Filosofia I. Título.
  II. Série.

16-00248   CDU-34 : 32

Índices para catálogo sistemático:
1. Bobbio : Filosofia jurídica e política : Direito político   34 : 32

Giuseppe Tosi

10 LIÇÕES SOBRE BOBBIO

1ª Reimpressão
Novembro/2016

Petrópolis

© 2016, Editora Vozes Ltda.
Rua Frei Luís, 100
25689-900 Petrópolis, RJ
www.vozes.com.br
Brasil

Todos os direitos reservados. Nenhuma parte desta obra poderá ser reproduzida ou transmitida por qualquer forma e/ou quaisquer meios (eletrônico ou mecânico, incluindo fotocópia e gravação) ou arquivada em qualquer sistema ou banco de dados sem permissão escrita da editora.

CONSELHO EDITORIAL

Diretor
Gilberto Gonçalves Garcia

Editores
Aline dos Santos Carneiro
Edrian Josué Pasini
José Maria da Silva
Marilac Loraine Oleniki

Conselheiros
Francisco Morás
Leonardo A.R.T. dos Santos
Ludovico Garmus
Teobaldo Heidemann
Volney J. Berkenbrock

Secretário executivo
João Batista Kreuch

Editoração: Flávia Peixoto
Diagramação e capa: Sheilandre Desenv. Gráfico
Ilustração de capa: Studio Graph-it

ISBN 978-85-326-5219-5

Editado conforme o novo acordo ortográfico.

Este livro foi composto e impresso pela Editora Vozes Ltda.

Sumário

Introdução, 7

Primeira lição – Bobbio: *"Filosofo dell'Italia civile"*, 17

Segunda lição – A obra e o método: as dicotomias, 25

Terceira lição – Entre intelectuais "orgânicos" e "puros", 39

Quarta lição – Bobbio e o marxismo, 51

Quinta lição – Entre liberalismo e socialismo, 63

Sexta lição – A democracia representativa, 71

Sétima lição – Democracia direta e participativa, 79

Oitava lição – A democracia como ela é: o elitismo democrático, 89

Nona lição – Os direitos humanos, 101

Décima lição – A proliferação dos direitos, 111

Conclusão, 119

Referências, 125

Introdução*

Esta obra é um convite a ler Bobbio, destinada a oferecer algumas chaves de leitura do seu pensamento, especialmente político, escolhendo, dentre a imensa produção bobbiana, alguns temas a partir de "afinidades eletivas" e da sua relevância para o contexto brasileiro[1]. Bobbio teve um sucesso editorial pouco comum se tratando de um autor de obras acadêmicas, tanto na Itália como no exterior, e a sua

---

* Quero agradecer imensamente ao Prof. Flamarion Tavares Leite pela confiança depositada ao me convidar para participar desta prestigiosa coleção; aos professores Luca Baccelli, da Universidade de Camerino, Luciano Oliveira da Unicap, Fernando Magalhães da UFPE, Marconi Pequeno e Williard Fragoso da UFPB pelas preciosas e minuciosas revisões de forma e sugestões de conteúdo que melhoraram muito o texto. As eventuais falhas são de minha responsabilidade.

1. Devido às limitações de espaço, não foi possível abordar a filosofia do direito e a filosofia moral de Bobbio; abordamos somente o seu pensamento político, sem o tema das relações internacionais. Para uma leitura mais abrangente de Bobbio remeto a: TOSI, G. (org.). *Norberto Bobbio*: democracia, direitos humanos, guerra e paz. Vols. 1 e 2. João Pessoa: UFPB, 2013. • TOSI, G. (org.). *Norberto Bobbio*: democracia, direitos humanos e relações internacionais. Vols. 1 e 2. João Pessoa: UFPB, 2013 [e-book: http://www.insite.pro.br/Livros.html].

figura intelectual não para de crescer[2]. Ao lado de Gramsci, é o autor italiano mais traduzido e comentado no Brasil e em outros países da América Latina.

Bobbio não é lido somente na academia; ele também é uma referência para os militantes dos direitos humanos, dentro e fora das universidades. A sua obra *A era dos direitos* foi reeditada dezenas de vezes e se tornou um verdadeiro *vade mecum* para todos aqueles que querem aproximar-se da teoria e da prática dos direitos humanos.

Trata-se de uma influência não meramente episódica ou esporádica, mas capilar a tal ponto que se fala de uma "presença do pensamento de Bobbio na cultura latino-americana", como afirmam Alberto Filippi e Celso Lafer[3].

A recepção de Bobbio acontece em ambientes caracterizados por diferentes filiações ideológicas. Os primeiros responsáveis pela introdução do seu pensamento no Brasil foram pensadores mais próximos do liberalismo, como Miguel Reale e Celso

---

2. Um levantamento realizado em 2008 indicava que haviam sido traduzidos 455 textos seus em 22 idiomas. Cf. REVELLI, M. "Introduzione". In: BOBBIO, N. *Etica e politica* – Scritti di impegno civile. Milão: Mondadori, 2009, p. XI.

3. FILIPPI, A. & LAFER, C. *A presença de Bobbio* – América Espanhola, Brasil, Península Ibérica. São Paulo: Unesp, 2004. Cf. tb. FILIPPI, A. (org.). *Norberto Bobbio y Argentina* – Los desafios de la democracia integral. Buenos Aires: La Ley, 2006 [epílogo de Luigi Ferrajoli].

Lafer, da USP, Carlos H. Cardim da UnB. O Centro de Estudos Norberto Bobbio, o primeiro da América, esteve hospedado, até pouco tempo atrás, no Instituto Bovespa da bolsa de valores de São Paulo e de sua inauguração participaram expoentes do liberalismo e da social-democracia brasileira, como o Senador Marco Maciel e o Ex-presidente Fernando Henrique Cardoso[4].

Mas é igualmente significativo que os tradutores de algumas obras de Bobbio sejam dois importantes intelectuais marxistas como Carlos Nelson Coutinho, já tradutor e introdutor do pensamento de Gramsci no Brasil, e Marco Aurélio Nogueira, que obviamente não se limitaram às traduções, mas dialogaram criticamente com a sua obra, assim como o fizeram outros intelectuais e militantes da esquerda como Leandro Konder e Leonardo Boff. O "estar no meio" bobbiano entre tradições antagônicas mostra a tipicidade e amplitude da influência de sua reflexão.

Bobbio foi, e continua sendo, um interlocutor privilegiado tanto para os liberais quanto para os socialistas. Aos primeiros, relembra a necessidade de conciliar a liberdade com a igualdade e critica os excessos do neoliberalismo de mercado. Em relação à esquerda, relembra que sem liberdade não

---

4. Cf. CENTRO DE ESTUDOS NORBERTO BOBBIO. *A importância da recepção do pensamento de Bobbio no Brasil e na América Espanhola* [seminário]. São Paulo: Bovespa, 2005.

pode haver socialismo e critica os perigos totalitários que rondam os projetos políticos de inspiração marxista.

Vários são os fatores que podem explicar esse êxito. Em primeiro lugar, a grande clareza do seu estilo, elegante e profundo, mas, ao mesmo tempo, claro e didático, fugindo da retórica e do hermetismo típicos de alguns intelectuais. Como afirma Marco Revelli, a clareza do mestre italiano não é só uma questão de estilo, ela é parte do compromisso democrático de Bobbio:

> A arte da clareza é, como se sabe, uma das características mais reconhecíveis e reconhecidas do estilo de Bobbio. É proverbial a sua capacidade de comunicar, inclusive conceitos abstrusos, em forma universalmente compreensível. Mas nesses tipos de escritos destinados *ex origine* a um público mais amplo, esta limpidez de escritura se torna quase, poderíamos dizer, um projeto político. A absoluta compreensibilidade do discurso é a forma que o ideal democrático assume quando se faz linguagem[5].

Os estudantes universitários o apreciam, pois encontram nos seus livros um guia seguro para se orientarem na leitura e interpretação dos textos clássicos e na análise e organização dos conceitos, inclu-

---

5. REVELLI, M. *Norberto Bobbio* – Etica e politica. Op. cit., p. XV [tradução minha].

sive os mais complexos, o que nem sempre é fácil encontrar nos ambientes acadêmicos. Os professores universitários o utilizam como bibliografia obrigatória nos seus cursos, embora com certa resistência devido ao temor de que Bobbio apresente aos estudantes os clássicos já "prontos e mastigados" (como me confidenciou certa vez uma professora de filosofia política), dispensando assim o estudo direto dos textos originais. O pensamento de Bobbio é hoje objeto, no Brasil e em outros países latino-americanos, de inúmeras monografias de graduação, dissertações e teses de pós-graduação; ele é frequentemente citado em palestras, mesas-redondas, congressos, seminários e presente em inúmeros textos que circulam na internet. Bobbio se tornou assim um interlocutor e uma referência indispensável para todos aqueles que se ocupam de filosofia e sociologia do direito, de filosofia e ciência política, mas também de filosofia moral e de história das ideias.

Bobbio exerceu uma grande influência também nos países da Península Ibérica, sobretudo na Espanha, talvez maior do que na Itália, como testemunha um estudioso espanhol[6]:

---

6. Entre as numerosas coletâneas que reúnem as atas de seminários dedicados a Bobbio durante a sua vida ou póstumos, assinalamos: ANSUÁTEGUI ROIG, F.X. & GARZON, A.I. (eds.). *Norberto Bobbio* – Aportaciones al análisis de su vida y de su obra. Madri: Universidad Carlos III/Instituto de Derechos Humanos Bartolomé de Las Casas, 2011.

"Que a minha obra possa ter tido um impacto sobre a Constituição Espanhola – dizia Bobbio – me parece um pouco exagerado. Porém, é verdade que traduziram por lá todos os meus escritos sobre democracia e que o meu pensamento foi talvez mais importante na Espanha." Não exagerava absolutamente: basta rever a impressionante bibliografia de Bobbio e sobre Bobbio publicada em espanhol nos últimos trinta anos. Não acredito que na Espanha haja um autor estrangeiro ao qual foi dedicada tanta atenção como a Norberto Bobbio. Creio que são muito poucos os que influenciaram, como ele, não a redação da Constituição Espanhola, porém sim a formação da geração que a elaborou[7].

O mesmo autor lança uma hipótese convincente sobre a causa desse êxito, que contrasta com o pouco interesse que o pensamento de Bobbio suscitou na Inglaterra ou nos Estados Unidos, assim como na França ou na Alemanha:

O que têm em comum os países nos quais Bobbio exerceu uma maior influência é que todos eles atravessavam, nestes momentos, uma transição democrática. Quase todos eles foram vítimas da violência e da humilhação de longas e terríveis dita-

---

7. ZAPATERO, V. "Bobbio y la generación del 78". In: ANSUÁTEGUI ROIG, F.X. & GARZON, A.I. (ed.). *Norberto Bobbio*, Op. cit., p. 218.

duras. E todos eles tiveram que articular um discurso que lhes permitisse a conquista e a consolidação de uma democracia avançada[8].

Bobbio concordou com esta análise, ao afirmar, em resposta aos seus leitores e intérpretes espanhóis, o seguinte:

> Quanto à divulgação na Espanha, que devo sobretudo à generosidade de Gregório Peces-Barba, Elias Diaz e Alfonso Ruiz Miguel, acredito que tenha ocorrido graças ao fato de seu país se encontrar, ainda que muitos anos mais tarde, na mesma situação em que se encontrava a Itália na transição da ditadura para a democracia, quando muitos jovens filósofos sentiam a necessidade que nós sentimos com a mesma idade de romper o jugo da filosofia oficial que servira ao fascismo[9].

A sua influência é, de certa forma, surpreendente porque Bobbio é um intelectual europeu e a grande maioria das suas referências existenciais e teóricas é eminentemente europeia: a Europa é o lugar a partir do qual interpreta o mundo. Ele conhece profundamente a história da filosofia po-

---

8. Ibid., p. 226.

9. BOBBIO, N. *O tempo da memória – De senectute* e outros escritos autobiográficos. 6. ed. Rio de Janeiro: Campus, 1997, p. 149 [Trad. de Daniela Beccaccia Versiani].

lítica e do direito da Itália, dos principais países da Europa e, em parte, dos Estados Unidos, conhece menos a literatura contemporânea de outras regiões geográficas e culturas que fogem dos seus referenciais teóricos costumeiros. Embora seja dono de uma imensa curiosidade intelectual e um leitor atento das novidades editoriais, as suas reflexões não saem do semeado já traçado pelos seus autores recorrentes.

Neste sentido, pode ser considerado um autor eurocêntrico, – e até certo ponto inatual ou anacrônico, porque não muito sintonizado com as últimas novidades intelectuais contemporâneas ou pós-modernas – mas não no sentido que normalmente se dá a este conceito, como defesa da superioridade da civilização europeia ocidental sobre o resto do mundo. Bastaria ler o que escreveu a respeito desse tema:

> Não hesitamos em falar de civilização europeia e cristã, não obstante o genocídio dos índios por parte dos espanhóis, súditos de um rei católico; não obstante o genocídio dos indígenas da América do Norte por parte dos ingleses geralmente vinculados a igrejas reformadas; não obstante o tráfico de negros durante séculos, as guerras de religião que ensanguentaram a Europa por décadas, as guerras do equilíbrio europeu, capricho dos príncipes, as guerras napo-

leônicas e, para terminar, as duas guerras mundiais do século XX[10].

É verdade que não tratou, senão incidentalmente, desses temas, mas é verdade também que soube exercer uma forte autocrítica e que possuía uma aguda consciência das responsabilidades históricas da Europa, dos desastres sem comparação que ela espalhou no seu território e em toda parte do mundo.

O seu eurocentrismo não lhe impediu de ser um pensador universal, ou seja, de refletir sobre temas comuns a todas as sociedades nesta época de globalização capitalista.

---

10. BOBBIO, N. *Elogio da serenidade e outros escritos morais.* São Paulo: Unesp, 2002, p. 160 [Trad. de Marco Aurélio Nogueira]. Cf. tb. os ensaios sobre: "Grandeza e decadência da ideologia europeia" e "A Europa da cultura". In: BOBBIO, N. *Os intelectuais e o poder* – Dúvidas e opções dos homens de cultura na sociedade contemporânea. São Paulo: Unesp, 1997, p. 157-187 [Trad. de Marco Aurélio Nogueira].

PRIMEIRA LIÇÃO

Bobbio: *"Filosofo dell'Italia civile"*

> *Bobbio foi, ao mesmo tempo, o máximo teórico do direito e o máximo filósofo da política da Itália na segunda metade do século XX[11].*

Bobbio nasceu em 1909 e morreu em 2004. Sua vida atravessou todo o século XX. Assistiu às duas guerras mundiais, ao nascimento dos regimes totalitários de direita (fascismo e nazismo) e de esquerda (stalinismo), ao extermínio de milhões de judeus e de outros "povos inferiores", às bombas nucleares sobre Hiroshima e Nagasaki, que abriram a era do "equilíbrio do terror atômico".

Assistiu também ao fim do fascismo e da monarquia e à criação da República Italiana, ao longo

---

11. FERRAJOLI, L. "L'itinerario di Norberto Bobbio: dalla teoria generale del diritto alla teoria della democrazia". *Teoria Politica*, XX, n. 3, 2004, p. 127. E a citação continua: "Seguramente foi aquele que deixou um marco mais profundo na cultura filosófico--jurídica e filosófico-política e que várias gerações de estudiosos, de formação muito diferente, consideraram como um mestre".

período da Guerra Fria, à contestação de 1968 e aos "anos de chumbo" do terrorismo e da "estratégia da tensão" que assolaram a Itália nos anos de 1970 e 1980, ao fim do comunismo do bloco soviético, às guerras do Golfo, à queda das torres gêmeas, à ascensão do "populismo mediático" berlusconiano na Itália dos anos de 1990 e do começo do novo milênio[12].

Bobbio viveu esse longo período como um intelectual mais do que como um homem de ação, mais dedicado à vida contemplativa do que à vida ativa, porém sempre como espectador atento e engajado no debate político. Nasceu numa família burguesa de Turim, capital da região do Piemonte, no noroeste da Itália, cidade à qual ficara profundamente ligado durante toda a sua vida. Sua família aderiu ao fascismo, regime sob o qual ele transcorreu toda a sua juventude e parte da maturidade: "Os anos da minha formação correspondem aos anos do fascismo: quando Mussolini conquistou o poder [1922] eu completara, poucos dias antes, treze anos; quando aconteceu o 25 de julho de 1943 eu tinha 34 anos e já chegara 'no meio do caminho' da minha vida"[13].

---

12. Bobbio deixou vários escritos autobiográficos que se encontram traduzidos em BOBBIO, N. *O tempo da memória.* Op. cit.

13. BOBBIO, N. *O tempo da memória.* Op. cit., p. 123.

A sua relação com o fascismo foi ambígua, como ele mesmo reconheceu: adere ao fascismo por influência do ambiente familiar, mas desde a época do liceu e da universidade entra em contato com ambientes de oposição ao regime, sobretudo de inspiração antifascista liberal, que orbitavam em torno da revista *La Rivoluzione Liberale*, de Pietro Gobetti. Tais ambientes irão confluir na criação do grupo político Giustizia e Libertà e na fundação do Partito d'Azione, que lutará clandestinamente contra o fascismo e participará ativamente da resistência "partigiana" e da reconstrução da democracia italiana.

Norberto Bobbio formou-se na faculdade de Direito (*Giurisprudenza*) da Universidade de Turim, onde teve como mestres figuras importantes da intelectualidade liberal italiana como Luigi Einaudi (futuro presidente da República), Francesco Ruffini e Gioele Solari, sob a orientação do qual defendeu, em 1931, uma tese sobre "Filosofia do Direito e Ciência do Direito". Em 1933, obteve outra *laurea*, em filosofia teorética, com uma tese sobre *Husserl e a fenomenologia*, sob a orientação de Annibale Pastore.

Logo após, em 1934-1935, Bobbio assumiu a cátedra de Filosofia do Direito na Universidade de Camerino, onde permaneceu até 1939, e foi obrigado, como todos os professores, a prestar juramento ao fascismo. É neste período que se aproximou dos ambientes do antifascismo liberal e foi preso em Turim, em 1935, junto com os colegas e amigos do Grupo Giustizia e Libertà, que se inspiravam nos ensinamentos de Benedetto Croce e Pietro Gobetti.

O seu contato com os antifascistas o afastou definitivamente das convicções fascistas do seu ambiente familiar, mas não o levou a assumir uma postura abertamente de oposição, como pode ser visto no episódio da "carta a Mussolini" de 1935. A carta tinha como objetivo pedir a retirada das medidas adotadas pelo regime contra Bobbio como parte da repressão ao movimento antifascista Giustizia e libertà, promovido por alguns intelectuais na clandestinidade em meados dos anos de 1930. A casa, onde moravam Bobbio e os seus pais, havia sido revistada pela polícia política fascista e ele, preso durante uma semana, estava ameaçado de perder a cátedra universitária. Por isso, ele repudia formalmente a sua oposição ao fascismo escrevendo uma carta ao "Duce" Benito Mussolini, na qual declara "a firmeza das minhas opiniões políticas e a maturidade das minhas convicções fascistas" e afirma que tal perseguição "me entristece profundamente e ofende intimamente minha consciência fascista"[14].

---

14. A carta pode ser lida em REVELLI, M. *Norberto Bobbio* – Etica e politica. Op. cit., p. LXXVIII-LXXX.

Quando a carta foi descoberta nos arquivos de Estado, e publicada em 1992 por uma revista de ampla circulação, Bobbio escreveu um artigo em que reconhecia ter ficado chocado com a publicação, porque o obrigava a "se defrontar com um *alter ego* que acreditava ter vencido para sempre". Reconheceu o "erro e a culpa" por não ter tido a coragem suficiente, naquele momento, para enfrentar abertamente a repressão da ditadura; e definiu essa postura como nicodemismo político[15], ou seja, "ser fascista com os fascistas e antifascista com os antifascistas"[16]. As sanções foram retiradas, inclusive pela interferência de parentes e amigos influentes, e ele pôde continuar a sua carreira acadêmica.

Em 1939, assumiu a cátedra na Universidade de Siena até 1940, quando se transferiu para a Universidade de Pádua, onde ficou até 1948. Em 1943, em plena guerra, foi preso pelo regime após a sua dissociação pública com o regime fascista, e permaneceu durante três meses na prisão, devido à sua participação sempre mais firme nas atividades antifascis-

---

15. Trata-se de uma alusão ao comportamento de Nicodemos que apoiava Jesus, mas somente em segredo, sem ter a coragem de sair a público.

16. Cf. REVELLI, M. *Norberto Bobbio*. Op. cit., p. LXXVI-LXXXVI. Na verdade, naquela época, Bobbio já havia se afastado das convicções fascistas do seu ambiente familiar e a sua militância antifascista continuará e reaparecerá com mais força durante a Segunda Guerra Mundial.

tas do Grupo Giustizia e Libertà[17]. Após o fim da guerra, Bobbio se candidatou como deputado para a Assembleia Constituinte nas fileiras do Partito D'Azione, mas não foi eleito. A partir deste momento, abandonou a militância político-partidária, pela qual confessou não ter nenhuma vocação.

Em 1948, Bobbio foi chamado a assumir a cátedra do seu mestre Solari na faculdade de Direito da Universidade de Turim, onde lecionou até 1972, quando substituiu Alessandro Passerin d'Entreves na cátedra de Filosofia da Política, na recém-criada Faculdade de Ciências Políticas de Turim, onde permaneceu até o ano de 1979, quando se aposentou aos 70 anos de idade.

Nos anos do pós-guerra acontece a sua "conversão" ao positivismo jurídico (com a descoberta de Kelsen), ao neopositivismo lógico e ao método analítico como reação "neoiluminista" ao idealismo de Croce e à dialética marxista, que dominavam o panorama cultural italiano à época.

A sua vida foi dedicada quase que exclusivamente às atividades acadêmicas, que ele desenvolveu com grande competência, dedicação e paixão, sem perder o interesse pela política, à qual dedicou grande parte da sua produção intelectual, como professor universitário, ministrando cursos memoráveis, muitos dos

---

17. Cf. REVELLI, M. *Norberto Bobbio*. Op. cit., p. XCIII-XCV.

quais publicados em livros, e intervindo ativamente no debate público, por meio da participação em inúmeros seminários e congressos na Itália e no exterior. Escreveu ainda numerosos ensaios para revistas e artigos para jornais, que o tornaram uma das figuras intelectuais mais influentes da cultura italiana. Como reconhecimento dessa sua intensa atividade de intelectual público, foi-lhe concedido, em 1984, o título de senador vitalício pelo então Presidente da República, o socialista Sandro Pertini.

Além do diálogo constante com os *maestri* do passado e os *compagni* do presente, Bobbio teve a sorte de viver em Turim num ambiente acadêmico de primeira grandeza, não somente na Faculdade de Jurisprudência e de Ciências Políticas, onde ensinavam figuras como Alessandro Passerin d'Entreves, Renato Treves, Luigi Firpo, mas também na vizinha Faculdade de Filosofia, onde lecionavam figuras de grande relevo como Nicola Abbagnano (historiador da filosofia e existencialista), Ludovico Geymonat (filósofo da ciência e marxista), Augusto del Noce (filósofo teorético de orientação católica), Franco Venturi (historiador), entre outros.

Bobbio foi interlocutor dos mais importantes pensadores italianos, de diferente orientação política, como Galvano della Volpe, Palmiro Togliatti, Pietro Ingrao, Vittorio Foa, Giuliano Pontara e Danilo Zolo e estrangeiros como Perry Anderson na

Inglaterra[18], Peces-Borba na Espanha e Celso Lafer no Brasil, somente para citar alguns.

Bobbio não deixou propriamente uma "escola", no sentido de um grupo homogêneo de discípulos e seguidores com uma orientação comum, mas formou pensadores da mais alta qualidade, como Pier Paolo Portinaro e Marco Revelli em filosofia política, Mario Losano em filosofia do direito, Luigi Bonanate nas relações internacionais e Michelangelo Bovero que lhe sucedeu na cátedra de Filosofia Política, entre outros.

Desde o fim da Segunda Guerra Mundial e durante mais de 40 anos, Bobbio participou ativamente dos encontros da Sociedade Europeia de Cultura, fundada por Umberto Campagnolo, e colaborou com vários escritos para a revista *Compreendre*, engajada na promoção de uma "Política da cultura" que superasse a divisão da Europa durante a Guerra Fria e empenhada no diálogo entre os intelectuais europeus para a construção de uma Europa unida[19].

Em suma, Bobbio viveu num período e num ambiente cheios de estímulos intelectuais que alimentavam a sua inexaurível curiosidade intelectual e o tornaram o *"Filosofo dell'Italia civile"*[20].

---

18. Cf. ANDERSON, P. "As afinidades de Norberto Bobbio". *Novos Estudos Cebrap*, n. 24, jul./1989, p. 14-41 [Trad. de Heloísa Jahn].

19. BOBBIO, N. *O tempo da memória*. Op. cit., p. 95 e 111.

20. PORTINARO, P.P. "Norberto Bobbio, filósofo da 'Italia civile". In: TOSI, G. (org.). *Norberto Bobbio*. Op. cit., Vol. 1, p. 51.

SEGUNDA LIÇÃO

A obra e o método: as dicotomias

> *Sempre fui, ou creio ter sido, um homem do diálogo mais que da polêmica. A capacidade de trocar argumentos, em vez de acusações recíprocas acompanhadas de insultos, está na base de qualquer pacífica convivência democrática*[21].

Bobbio foi um autor extremamente prolífico[22] e os seus escritos podem ser classificados em qua-

---

21. BOBBIO, N. *O tempo da memória*. Op. cit., p. 10.

22. O arquivo das obras de Bobbio se encontra no *Centro di Studi Pietro Gobetti* em Turim e está em fase de classificação. O último catálogo das suas obras mostra uma produção extremamente ampla: 4.803 escritos catalogados, dos quais 128 volumes, 944 artigos, 1.452 ensaios, 457 entrevistas, 316 lições (aulas) e conferências. Cf. REVELLI, M. "Nel labirinto del Novecento". In: BOBBIO, N. *Norberto Bobbio*. Op. cit., p. XI. Além desse material, existem numerosas cartas enviadas e recebidas por Bobbio que, durante a sua vida, se correspondeu com 5.559 pessoas diferentes, desde simples cidadãos até grandes estudiosos italianos e estrangeiros. Cf. BOBBIO, N. "O lado humano de Norberto Bobbio". In: TOSI, G. (org.). *Norberto Bobbio*. Op. cit., p. 37-50. Cf. tb. ZOLO, D. *L'alito della Libertà: Su Bobbio* – Con venticinque lettere inedite di Norberto Bobbio a Danilo Zolo. Milão: Feltrinelli, 2008.

tro grandes grupos[23]: a) os tratados de filosofia e história do direito e da política[24], e as tentativas de definir e organizar de forma mais sistemática os principais conceitos de uma "teoria geral" do direito[25] e da política[26]; b) as apostilas dos seus cursos universitários, dedicadas à "lição dos clássicos" do pensamento jurídico e político moderno como

---

23. Citaremos, quando possível, as edições brasileiras das obras de Bobbio. Uma bibliografia completa pode ser encontrada no site do Instituto Norberto Bobbio de Turim, Itália [http://www.cen trogobetti.it/bobbio/instituto-norberto-bobbio.html] e do Instituto Norberto Bobbio de São Paulo [http://www.institutonorbertobob bio.org.br/].

24. Cf. BOBBIO, N. *Teoria da Norma Jurídica* e *Teoria do Ordenamento Jurídico,* agora reunidos num único volume e publicados no Brasil sob o título de *Teoria Geral do Direito.* São Paulo: Martins Fontes, 2008. BOBBIO, N. *O positivismo jurídico* – Lições de Filosofia do Direito. São Paulo: Ícone, 1995 [Trad. de Márcio Pugliese, Edson Bini e Carlos E. Rodrigues].

25. BOBBIO, N. *Contributi ad un dizionario giuridico.* Turim: Giappichelli, 1994.

26. BOBBIO, N. *Teoria Geral da Política* – A filosofia e as lições dos clássicos. Rio de Janeiro: Campus, 2000 [Org. de Michelangelo Bovero]. • BOBBIO, N.; MATTEUCCI, N. & PASQUINO, G. *Dicionário de Política.* 2 vols. Brasília: UnB, 2004. Como ele mesmo afirma em relação a esses estudos sobre os clássicos, "não são propriamente textos de história do pensamento político, porque seu escopo principal é a definição e a sistematização de conceitos que deveriam servir para a elaboração de uma teoria geral da política" (BOBBIO, N. *O tempo da memória.* Op. cit., p. 90).

Hobbes[27], Locke[28], Rousseau[29], Kant[30], Hegel[31], Kelsen[32]; c) os ensaios dedicados a figuras relevantes da filosofia política e do direito do século XX, que ele considerava como os seus *maestri,* como Carlo Cattaneo, Pietro Gobetti, Benedetto Croce, Luigi Einaudi, Francesco Ruffini, Gioele Solari, Max Weber e Hans Kelsen; ou os seus *compagni,* como os Irmãos Rosselli, Leone Ginsburg, Primo Levi, Vittorio Foa, Aldo Capitini[33]; d) Os ensaios produzidos sobre temas recorrentes nos seus trabalhos e problemas da atualidade do debate público

---

27. BOBBIO, N. *Thomas Hobbes*. Rio de Janeiro: Campus, 2004 [Trad. de Carlos Nelson Coutinho].

28. BOBBIO, N. *Locke e o direito natural*. 2. ed. Brasília: UnB, 1997 [Trad. de Renato de Assumpção Faria, Denis Fontes de Souza Pinto e Carmen Lidia Richter Ribeiro Moura].

29. Ao pensamento de Rousseau, que considerava um dos maiores filósofos políticos moderno, Bobbio não dedicou uma obra específica, mas comentários esparsos em vários ensaios, geralmente críticos.

30. BOBBIO, N. *Direito e Estado no pensamento de Emanuel Kant*. Brasília: UnB, 1997 [Trad. de Alfredo Fait].

31. BOBBIO, N. *Estudos sobre Hegel* – Direito, sociedade civil, Estado. 2. ed. São Paulo: Brasiliense/Unesp, 1995 [Trad. de Luiz Sérgio Henriques e Carlos Nelson Coutinho].

32. BOBBIO, N. *Direito e poder.* São Paulo; Unesp, 2008 [Trad. de Nilson Moulin].

33. Cf. COMPAGNI & MAESTRI, apud REVELLI, M. *Norberto Bobbio*. Op. cit., p. 27-55.

da cultura política italiana e europeia[34]: o socialismo[35], o marxismo[36], Gramsci[37], a democracia[38], os direitos humanos[39], a relação entre ética e política[40], a não violência e os pacifismos[41], o direito internacional, a guerra e a paz[42].

---

34. BOBBIO, N. *O tempo da memória*. Op. cit., p. 100.

35. BOBBIO, N. *Qual socialismo?* – Discussão de uma alternativa. 2. ed. São Paulo: Paz e Terra, 1983 [Trad. de Iza de Salles Freaza].

36. Marx não está entre os seus autores de referência, embora a ele e ao marxismo tenha dedicado vários estudos, reunidos em BOBBIO, N. *Nem com Marx, nem contra Marx*. São Paulo: Unesp, 2006 [Trad. de Marco Aurélio Nogueira].

37. BOBBIO, N. *Ensaios sobre Gramsci e o conceito de sociedade civil*. 2. ed. São Paulo: Paz e Terra, 2002 [Trad. de Marco Aurélio Nogueira].

38. BOBBIO, N. *O futuro da democracia*. 9. ed. São Paulo: Paz e Terra, 2000 [Trad. de Marco Aurélio Nogueira]. • *Liberalismo e democracia*. São Paulo: Brasiliense, 2000 [Trad. de Marco Aurélio Nogueira].

39. BOBBIO, N. *A era dos direitos*. Rio de Janeiro: Elsevier, 2004 [Apresentação de Celso Lafer; trad. de Carlos Nelson Coutinho].

40. BOBBIO, N. *Elogio da serenidade e outros escritos morais*. São Paulo: Unesp, 2002 [Trad. de Marco Aurélio Nogueira]. Como afirma Bobbio, citando o organizador, "o livro deixa entrever o filósofo da moral ao lado e por sobre o filósofo do direito e da política" (BOBBIO, N. *Elogio da serenidade*. Op. cit., p. 9).

41. BOBBIO, N. "Paz". *O filósofo e a política* – Antologia. Rio de Janeiro: Contraponto, 2003, p. 321-353 [Trad. de César Benjamin e Vera Ribeiro].

42. BOBBIO, N. *O problema da guerra e as vias da paz*. São Paulo: Unesp, 2003 [Trad. de Álvaro Lacerda]. • BOBBIO, N. *O terceiro ausente*. São Paulo: Manole, 2009 [Org. de Pietro Polito; prefácio de Celso Lafer; trad. de Daniela Beccaccia Versiani].

Além dos autores de referência, são igualmente significativas as ausências, desde Nietzsche, Schmitt e Heidegger, sobre os quais o seu juízo é extremamente negativo[43], mas também Hannah Arendt e toda a escola da dialética negativa de Frankfurt[44], assim como os estruturalistas e os pós-modernos franceses. Também é significativa a ausência, no Dicionário de Política, de verbetes sobre *Fraternidade*, apesar de constar nos lemas da Revolução Francesa, ou sobre o *Republicanismo*.

Apesar das tentativas de sistematização feitas pelos seus discípulos, concordamos com Marco Revelli o qual reconhece a assistematicidade da obra de Bobbio:

---

43. Em *Direita e esquerda* escreve a propósito desses autores, ironizando a "redescoberta" feita pela esquerda: "Nietzsche, inspirador do nazismo [...] é hoje muitas vezes posto ao lado de Marx como um dos pais da nova esquerda. Carl Schmitt, que por certo tempo foi, não somente promotor, mas teórico do estado nazista, acabou por ser, ao menos na Itália, redescoberto e homenageado sobretudo por estudiosos de esquerda, apesar de ter sido adversário, durante o grande debate constitucionalista da época de Weimar, de Hans Kelsen, maior teórico da democracia daqueles anos. Heidegger, cujas simpatias pelo nazismo foram várias vezes e abundantemente documentadas, [...] é hoje tomado como intérprete do nosso tempo, não só na Itália, mas também, e sobretudo, na França, por filósofos que se consideram de esquerda" (BOBBIO, N. *Direita e esquerda* – Razão e significado de uma distinção política. São Paulo: Unesp, 1996, p. 49-50 [Trad. de Marco Aurélio Nogueira].

44. Na antologia dos escritos políticos organizada por Marco Revelli os nomes de Hannah Arendt e de Habermas não aparecem, enquanto que Horkheimer e Adorno são citados somente uma vez.

Não pode ser descuidado o caráter, de alguma forma "assistemático", da obra bobbiana, declaradamente desprovida, por afirmação explícita do seu criador, de um único e bem reconhecível fio condutor unitário, ou de um "plano" conscientemente perseguido durante o percurso inteiro. [...] Perguntado sobre a existência de um fio condutor [*filo rosso*] que perpassasse toda a sua produção, Bobbio declarava que: "este fio vermelho provavelmente não existe". E confessava que "esses escritos são fragmentos de vários desenhos que não podem ser sobrepostos uns aos outros, e cada um é inconcluso"[45].

Bobbio ocupou uma posição excêntrica em relação ao cenário político e ideológico italiano, uma vez que a sua adesão "orgânica" ao Partito d'Azione foi tão efêmera como a vida desse partido, e a sua postura "laica" foi minoritária entre as duas confissões[46]. Ademais, o seu "estar no meio" entre socialismo e liberalismo, permitia-lhe certa autonomia de crítica a ambos os movimentos políticos sem dogmatismos. O laicismo de Bobbio deve ser entendido tanto do ponto de vista ético-político,

---

45. REVELLI, M. *Norberto Bobbio*. Op. cit,. p. XII.

46. BOBBIO, N. *O filósofo e a política*. Op. cit., p. 482: "Na política italiana, fala-se de partidos leigos [*laicos*] para indicar os pequenos partidos que se encontram (quase sufocados) entre os dois colossos".

como veremos a respeito do papel dos intelectuais, quanto do religioso: na Itália católica, Bobbio se declarou abertamente um agnóstico, sem ser anticlerical, manifestando respeito pela religião dos antepassados, e dialogando com os religiosos com recíproca estima[47].

Esta sua postura não significou neutralidade, pois Bobbio interveio com frequência e com firmeza para denunciar as tentativas abertas ou sub-reptícias de ameaçar as instituições democráticas que a Itália havia conquistado a duras penas na luta antifascista[48]. Duras foram as suas críticas aos movimentos da contestação juvenil e estudantil dos anos de 1960 e 1970[49], assim como aos setores radicais da esquerda italiana que optaram pela luta armada e o terrorismo em nome de uma forma "superior"

---

47. "Quando digo que não creio numa segunda vida ou em quantas outras possam ser imaginadas depois desta (segundo a crença na reencarnação) não pretendo afirmar nada de peremptório. Quero apenas dizer que sempre me pareceram mais convincentes as razões da dúvida que aquelas da certeza. [...] Também aqueles que acreditam, acreditam de acreditar [*credono di credere*], para retomarmos o título de um livro recente de Gianni Vattimo. Eu acredito não acreditar" (BOBBIO, N. *O tempo da memória*. Op. cit., p. 39).

48. Cf. a coletânea de ensaios BOBBIO, N. *Do fascismo à democracia* – Os regimes, as ideologias, as figuras e as culturas políticas. Rio de Janeiro: Elsevier, 2007.

49. "Não obstante as repetidas tentativas, tive de resignar-me com o fato de que o diálogo com o movimento estudantil era impossível" (BOBBIO, N. *O tempo da memória*. Op. cit., p. 135).

de democracia proletária, que ele nunca conseguiu entender. Decidida e firme foi também a sua oposição à "estratégia da tensão", alimentada pelo terrorismo da direita neofascista e apoiada por setores "desviados" do Estado italiano, até a sua última batalha contra o "populismo mediático" do magnata Silvio Berlusconi[50].

Essa sua opção pela mediação está ligada também ao seu método. Bobbio é um filósofo eminentemente analítico, que utiliza na sua argumentação uma refinada análise dos conceitos, influenciado pela sua "conversão", nos anos 50 do século passado, ao positivismo jurídico e ao neopositivismo lógico. Em 1992, ao comentar as intervenções feitas por estudiosos espanhóis num seminário dedicado ao seu pensamento, Bobbio afirmou:

> Além da distinção que muitas vezes me ocorre fazer entre os filósofos da síntese e os filósofos da análise – escrevendo-me sem reservas, como já disse, e vocês sabem muito bem, entre os segundos – sempre tive em mente outra distinção fundamental entre filósofos monistas, para os quais não há diferença entre o mundo dos fatos e o mundo dos valores e aberta esta a passagem de um para o outro, e os filóso-

---

50. Ver a coletânea de ensaios jornalísticos publicada em 2004 pela revista *Critica Liberale*: BOBBIO, N. "Democrazia precaria. Scritti su Berlusconi", vol. XI, n. 101, mar./2004.

fos dualistas, para os quais entre o mundo dos fatos e dos valores, entre o ser e o dever ser, entre a esfera das sensações e das emoções, a passagem está bloqueada. Sou um dualista impenitente[51].

Um dos motivos da escolha bobbiana pela análise se deve à sua opção "cartesiana" pela "clareza e distinção" na definição dos conceitos, e à sua aversão à obscuridade e ao hermetismo em filosofia, predominante em algumas modas filosóficas contemporâneas; clareza que ele exercita sem cair na superficialidade, sem perder a elegância do estilo e sem renunciar à erudição dos conhecimentos.

Esta opção responde também a uma exigência lógica, de análise da linguagem: é preciso analisar claramente os conceitos para poder relacioná-los, porque eles se definem somente na relação e na oposição entre eles: *omnis determinatio negatio* (toda determinação é negação), afirmavam os escolásticos medievais; daí seu procedimento por oposições e dicotomias, arte na qual excele.

Como afirma Celso Lafer:

> Bobbio, como ele mesmo observou, tem o gosto e o instinto das combinações. A sua *ars combinatoria* vale-se constantemente das dicotomias, utilizando-as como instrumento metodológico para distinguir

---

51. BOBBIO, N. *O tempo da memória*. Op. cit. p. 151.

> diferenciar, e, deste modo, clarificar, uma realidade percebida como complexa e concebida como pluralista[52].

As dicotomias em Bobbio não se resolvem numa síntese superior, numa *Aufhebung* como na dialética hegeliana, nem se exaurem numa dialética negativa, como em Adorno e Horkheimer. Às vezes, seguindo o seu assumido "moderatismo", encontram uma solução mediana entre dois extremos opostos; outras vezes, permanecem na sua aporia e contraposição insolúvel (como as análises da dialética socrática nos diálogos aporéticos).

> Sou um moderado porque sou um convicto seguidor da antiga máxima *in medio stat virtus* [no meio está a virtude]. Com isso, não quero dizer que os extremistas estejam sempre errados. Não quero dizê-lo porque afirmar que os moderados têm sempre razão e os extremistas estão sempre errados equivaleria a raciocinar como um extremista[53].

O seu moderatismo nasce também da opção pelo diálogo, pela confrontação de opiniões, pela mediação, pelo pluralismo contra os dogmatismos e fanatismos ideológicos:

---

52. LAFER, C., apud BOBBIO, N. *O tempo da memória*. Op. cit., p. VII.

53. BOBBIO, N. *O tempo da memória*. Op. cit., p. 146.

> Da observação da irredutibilidade das crenças últimas extraí a maior lição de minha vida. Aprendi a respeitar as ideias alheias, a deter-me diante do segredo de cada consciência, a compreender antes de discutir, a discutir antes de condenar. E porque estou com disposição para as confissões, faço mais uma ainda, talvez supérflua: detesto os fanáticos com todas as minhas forças[54].

É, ao mesmo tempo, uma opção epistemológica e ética, que procura superar um modelo de argumentação ou de raciocínio monológico e autorreferencial, dando a palavra e a vez ao "outro lado" da questão e ao outro interlocutor, sem o qual o diálogo não existiria e não se avançaria no conhecimento.

O filósofo espanhol Alfonso Ruiz Miguel definiu esta postura por meio de dez oximoros ou paradoxos. Bobbio seria "um filósofo positivo, um iluminista pessimista, um realista insatisfeito, um analítico historicista, um historiador conceitualista, um juspositivista inquieto, um empirista formalista, um relativista crente, um socialista liberal, um tolerante intransigente"[55].

---

54. Ibid., p. 173.

55. RUIZ MIGUEL, A. "Política, história y derecho en Norberto Bobbio", apud ANSUÁTEGUI. *Norberto Bobbio*. Op. cit., p. 29.

Comentando esta interpretação do seu método afirma Bobbio:

> O dualismo gera paradoxos, que se expressam em oximoros como, para citar os mais conhecidos e por mim mesmo declarados, iluminista e pessimista, liberal e socialista. Ruiz Miguel examina dez deles com muita inteligência, como exemplos de uma tensão teórica e prática jamais resolvida, cuja solução pode depender ou de parar no meio do caminho (daqui poderia derivar aquilo que eu mesmo denominei o meu moderatismo como oposição aos extremismos opostos) ou na transição da teoria para a prática[56].

A dicotomia, talvez a principal de todas, é entre idealismo e realismo político, entre os ideais e a "bruta matéria", que lhe impedem voos pindáricos desligados das condições reais e materiais que os determinam ou, pelo menos, condicionam.

Bobbio também recorre aos modelos e a esquemas que sintetizam os conceitos centrais de uma questão ou de um problema, ou apontam as características essenciais comuns a vários pensadores e cuja confrontação permite ao leitor um entendimento mais claro das ideias principais que estão em jogo. Ele contrapõe, por exemplo, o "modelo organicista ou aristotélico" ao "modelo indi-

---

56. BOBBIO, N. *O tempo da memória*. Op. cit., p. 151.

vidualista ou atomista hobbesiano" ou o "modelo jusnaturalista" ao "modelo historicista" hegeliano e marxiano[57].

Outro tema recorrente na obra de Bobbio é a distinção entre prescrição e descrição, ou seja, é necessário compreender antes de julgar[58]. Esta distinção lhe deriva da sua adesão ao positivismo, que defende a impossibilidade de deduzir do "ser" o "dever ser"; e é onipresente na obra de Bobbio, que continuamente alerta para a confusão que deriva da não separação entre as duas abordagens.

Mas a sua adesão ao positivismo jurídico se atenuou depois da "conversão" do pós-guerra, e Bobbio reconheceu a impossibilidade de uma separação rígida entre descrição e prescrição e da inevitabilidade da interferência dos valores na análise dos conceitos. Respondendo aos seus críticos, Bobbio reconheceu, entre os pontos frágeis da sua construção teórica, "um positivismo excessivamente rígido, hoje quase abandonado, no que concerne à questão da validade das normas jurídicas"[59].

---

57. BOBBIO, N. & BOVERO, M. *Sociedade e Estado na Filosofia Política Moderna*. São Paulo: Brasiliense, 1986 [Trad. de Carlos Nelson Coutinho].

58. BOBBIO. N. *Elogio da serenidade*. Op. cit., p. 195-198.

59. BOBBIO, N. *O tempo da memória*. Op. cit., p. 143.

O método de Bobbio é típico do intelectual, que possui mais dúvidas, do que do militante, que possui mais certezas, como veremos na próxima lição.

Terceira lição

Entre intelectuais "orgânicos" e "puros"

> *Acredito firmemente em uma política da cultura, isto é, em uma política dos intelectuais como tais, distinta da política ordinária. Mas não creio que ela seja uma política fácil[60].*

Um dos grandes temas que perpassa a obra de Bobbio é a sua reflexão sobre os intelectuais. Bobbio foi, ao mesmo tempo, um intelectual acadêmico rigoroso e um militante engajado no debate público. Essa característica é recorrente em toda a sua obra, mas se faz presente sobretudo nas intervenções e nos diálogos públicos com seus interlocutores e opositores, geralmente provocatórias e polêmicas, que suscitaram debates, réplicas, tréplicas.

Muitos são os temas e os interlocutores com os quais Bobbio se confrontou durante a sua longa *vita activa*, e que Michelangelo Bovero assim sintetiza de maneira eficaz:

---

60. BOBBIO, N. *Os intelectuais e o poder*. Op. cit., p. 64.

Depois da famosa discussão dos anos de 1950 com os comunistas sobre a política da cultura, a liberdade e a democracia, se produziu aquela sobre a inconsistência da doutrina marxista do Estado nos anos de 1970; mais tarde, o debate sobre o pluralismo e a "terceira via"; sobre as promessas não cumpridas da democracia e o poder invisível; sobre a democracia internacional e os direitos humanos; sobre a necessidade de uma nova esquerda mundial (ou melhor, global); logo depois, aconteceu a enorme e acirrada discussão sobre direita e esquerda; o debate sobre o fim do comunismo e a "utopia invertida"; a polêmica tensa e exacerbada sobre a "guerra justa"; e, nos últimos anos, suas intervenções sobre a chamada primeira república italiana, sobre os péssimos inícios da (presumida) segunda; sobre o "partido fantasma" fundado por aquele a quem definia como "um personagem sem muitos princípios, porém com muitos interesses, que considero nefasto para a educação moral e civil dos italianos[61].

Porém, Bobbio critica a militância, apelando repetidamente à distinção weberiana entre a *cátedra* do professor, o *púlpito* do padre e do pregador e

---

61. BOVERO, M. "Introducción a Bobbio". In: ANSUÁTEGUI, F.X. *Norberto Bobbio*. Op. cit., p. 35-37 [tradução minha]. A alusão final é obviamente a Berlusconi.

o *palanque* do político[62]. Nesse sentido, ele defende a autonomia da cátedra e, mais especificamente, do intelectual em relação ao poder e ao engajamento político. Em que sentido, então, podemos falar de um Bobbio militante? Para responder a esta questão, precisamos analisar mais de perto a questão dos intelectuais e de sua influência na sociedade.

Bobbio dedicou vários ensaios ao tema dos intelectuais, distinguindo, com a maestria de sempre, vários tipos de intelectuais e de funções[63]. Entre as tipologias que apresenta está a do intelectual "puro" e a do intelectual "revolucionário".

> Com a afirmação do intelectual revolucionário contra o poder constituído, em nome de uma nova classe e pela instauração de uma nova sociedade, e com a afirmação do intelectual puro que luta contra o poder como tal em nome da verdade e da justiça, ou seja, de valores absolutos [...] apresentam-se dois temas fundamentais do papel dos intelectuais na sociedade. [...] Para o

---

62. WEBER, M. *Ciência e política*: duas vocações. São Paulo: Cultrix, 2004. • BOBBIO, N. *O futuro da democracia*. Op. cit., p. 170: "Weber é um estudioso que reiteradamente afirmou que o dever do cientista não é o de dar juízos de valor, mas compreender *(verstehen)* e que a cátedra não é nem para os profetas nem para os demagogos (duas encarnações do poder carismático)".

63. BOBBIO, N. "Política e cultura". In: *O filósofo e a política*. Op. cit., p. 439-504. • BOBBIO, N. *Os intelectuais e o poder*. São Paulo: Unesp, 1997 [Trad. de Marco Aurélio Nogueira].

> primeiro, a verdade é aquela que serve à revolução; para o segundo a verdade é em si revolucionária[64].

E coloca uma pergunta:

> Qual é o dever do intelectual: servir à revolução ou servir à verdade? [...] Com efeito, o principal antagonista do intelectual revolucionário é aquele que, por excesso de amor aos ideais abstratos da verdade e da justiça, não quer "sujar as mãos" (mas as mãos sujas, as *mains sales* de Sartre, não ficam às vezes sujas de sangue?), assim como o maior adversário do intelectual puro é aquele que, por um amor excessivo ao sucesso das próprias ideias, acaba por se prostrar ante o domínio do poder[65].

Com relação ao intelectual revolucionário, a referência obrigatória é à distinção gramsciana entre intelectuais "tradicionais" e "orgânicos", que, segundo Bobbio, dava "seguimento, embora com espírito crítico, à linha que havia caracterizado a história do intelectual revolucionário, a da identidade entre compromisso político e compromisso cultural"[66]. Gramsci havia afirmado nos *Cadernos do Cárcere* que:

---

64. BOBBIO, N. *Política e cultura*. Op. cit., p. 452.

65. Ibid.

66. Ibid., p. 457.

> Todo grupo social, nascendo no terreno originário de uma função essencial no mundo da produção econômica, cria para si, ao mesmo tempo, organicamente, uma ou mais camadas de intelectuais que lhe dão homogeneidade e consciência da própria função, não apenas no campo econômico, mas também no social e político[67].

Para Gramsci, os intelectuais tradicionais, apesar da sua autoproclamada "autonomia e independência", são também eles orgânicos a uma determinada classe[68], a classe dominante, a serviço da qual atuam na formação do consenso e da coerção social:

> Os intelectuais são os "prepostos" do grupo dominante para o exercício das funções subalternas da hegemonia social e do governo político, isto é: 1) do consenso "espontâneo" dado pelas grandes massas da população à orientação impressa pelo grupo fundamental dominante à vida social, [...] 2) do aparelho de coerção estatal que assegura "legalmente" a disciplina dos grupos que não "consentem", nem ativa nem passivamente, mas que é constituído para toda a sociedade na previsão dos momentos de crise no comando e na

67. GRAMSCI, A. *Cadernos do cárcere* – Vol. 2: Os intelectuais – O princípio educativo: jornalismo. Rio de Janeiro: Civilização Brasileira, 2001, p. 15 [Trad. de Carlos Nelson Coutinho].

68. GRAMSCI, A. *Cadernos do cárcere*. Op. cit., p. 17.

direção, nos quais desaparece o consenso espontâneo[69].

O intelectual tradicional está vinculado a uma classe em decadência, enquanto o intelectual orgânico está vinculado à classe proletária em ascensão. O partido é o lugar onde o novo intelectual orgânico pode exercer sua função transformadora e revolucionária, porque ao partido "compete, em primeiro lugar, como partido da classe trabalhadora, a tarefa da 'reforma moral e intelectual' da sociedade: o partido do proletariado será não somente um novo príncipe, mas também um novo intelectual (coletivo) e realizará, de uma nova maneira, a síntese entre teoria e prática"[70].

Comentando essa concepção gramsciana, Bobbio afirma que a característica essencial do novo intelectual revolucionário orgânico à classe trabalhadora é, portanto, de ser um "intelectual engajado, participante, militante, que devia tomar partido (essa era uma decisão obrigatória) e entrar na disputa, animosa e disciplinadamente (abaixo a independência!)"[71]. Nesse sentido, afirma Bobbio: "A Revolução Bolchevique poderia ser catalogada como uma revolução de intelectuais" e não somen-

69. Ibid., p. 21.

70. GRAMSCI, apud BOBBIO, N. *Política e cultura.* Op. cit., p. 458.

71. Ibid.

te porque "a maioria da classe dirigente do grupo bolchevique era composta por membros da *intelligentsia*", mas, sobretudo, porque os revolucionários eram conscientes de estarem realizando, na prática, uma das famosas teses de Marx nos escritos juvenis, ou seja, de que "a teoria também se torna força material quando se apodera das massas"[72].

Trata-se do jovem Marx filósofo e não ainda do Marx crítico da economia política, que atribuía ao proletariado a missão histórica (e lhe colocava nas costas um pesado fardo) de ser o herdeiro e realizador da filosofia clássica alemã: "A filosofia não pode realizar-se sem suprimir o proletariado, e o proletariado não pode abolir-se sem que antes se realize a filosofia", ou seja, "assim como a filosofia encontra no proletariado suas armas materiais, o proletariado encontra na filosofia suas armas espirituais"[73].

Obviamente, Bobbio desenhava e criticava aqui o perfil de muitos intelectuais orgânicos ao Partido Comunista Italiano, sobretudo nos anos do pós-guerra, quando o comunismo exercia uma influência cultural enorme na sociedade e na cultura italiana, tendo como palavra de ordem a identificação entre compromisso político e compromisso

---

72. Ibid., p. 459. O texto de Marx está em *Crítica da Filosofia do Direito de Hegel* – Introdução.

73. Ibid.

cultural. Mas essas reflexões podem ser válidas também para os intelectuais marxistas brasileiros e latino-americanos daquele período e, em alguns casos, ainda nos dias de hoje.

Bobbio, entretanto, tampouco concorda com a figura oposta, ou seja, a do intelectual "puro", cuja característica principal é justamente aquela criticada por Gramsci, ou seja, de considerar-se como grupo social específico "separado, autônomo, independente" das classes sociais. Típico representante dessa corrente, que teve certa influencia na formação de Bobbio, foi Julien Benda, autor do livro *A traição dos intelectuais*[74]. "Para esse autor – afirma Bobbio – os intelectuais, os 'clérigos' são – ou, melhor dizendo, deveriam ser – aqueles que buscando a satisfação no exercício da arte e da ciência ou da especulação metafísica, em suma, na posse de um bem não temporal, dizem, de alguma forma: 'Meu reino não é deste mundo'"[75].

Pertencem a este tipo de intelectuais os que defendem uma distinção clara e rígida entre ciência, política e moral, afirmando a necessidade de

---

74. Julien Benda (1867-1956) foi um filósofo e escritor francês, cuja obra mais famosa e polêmica é *La trahison des clercs*, publicada em 1927. A ele Bobbio dedica um ensaio em *Os intelectuais e o poder* (Op. cit., p. 37-58), no qual afirma "Não posso esconder a minha simpatia intelectual pelo autor e por tudo o que lhe devo".

75. Ibid., p. 453.

uma separação entre ciência e ideologia e de uma teoria "pura" do direito ou da economia. Citando Pareto e Weber, mas indiretamente também Kelsen, afirma Bobbio:

> Pareto e Weber, adversários rígidos e obstinados de qualquer contaminação entre a obra do cientista, do político e do moralista, tenderam a acreditar, e atuaram correspondentemente como cientistas, que, numa sociedade guiada por forças irracionais, [...] pelo predomínio das ideologias que se fazem passar por teorias científicas, em um universo irredutível de "politeísmo dos valores" como produto da impotência da razão, a ciência era a única empreitada humana em que a orientação da razão deveria manter-se predominantemente sem contestação[76].

Mas Pareto, Weber e Kelsen[77] estão entre os autores de referência de Bobbio, são os representantes daquele positivismo (não somente jurídico) ao qual ele havia aderido. Em que sentido, então, Bobbio discorda deles e da figura do intelectual "puro"? Essa questão deve ser vista no âmbito da adesão e do progressivo, embora não total, distan-

---

76. Ibid., p. 455.

77. Em relação a esses últimos, cf. os ensaios a eles dedicados em BOBBIO. N. *Direito e poder*. São Paulo: Unesp, 2008.

ciamento de Bobbio da sua "conversão" dos anos de 1950 ao neopositivismo epistemológico e, consequentemente, à rígida distinção entre ciência (o direito) e ideologia (a política).

Mas isso se deve também à procura de uma mediação entre os opostos que ele sempre tenta encontrar quando possível. Nesse caso, a solução proposta é uma crítica tanto à organicidade gramsciana quanto à independência paretiana. Como alternativa propõe uma "autonomia relativa" do intelectual e mais em geral da cultura em relação à economia, à política, à arte e às outras dimensões da vida humana; porque, segundo ele, "a redução de todos os âmbitos em que se desenrola a vida humana em sociedade à pura política, isto é, a politização integral do ser humano é [...] a quintessência do totalitarismo"[78]. E acrescenta:

> No intuito de redefinir esse modelo ideal com uma fórmula (com todas as limitações intrínsecas que isso acarreta), parece-me que se poderia falar de "autonomia relativa da cultura em relação à política". [...] Não se trata de rechaçar a política (foi isso que chamei não indiferença), mas de não enaltecê-la ao ponto de cantar: "Tenha ou não razão, é a minha pátria", ou, o que dá no mesmo, "Te-

---

78. Ibid., p. 477.

> nha ou não razão, é o meu partido" (ou,
> pior ainda, a minha seita")[79].

Em suma, trata-se não de vincular organicamente a cultura à política, mas de favorecer uma "política da cultura" relativamente autônoma perante a política ordinária. Veremos a seguir como Bobbio "aplica" esse seu modelo de intelectual na polêmica com os marxistas.

---

79. Ibid., p. 477-478.

Quarta lição

Bobbio e o marxismo

> *Estou convencido de que, se não tivéssemos aprendido com o marxismo a ver a história do ponto de vista dos oprimidos, ganhando uma nova imensa perspectiva sobre o mundo humano, não teríamos nos salvado. Ou teríamos procurado um abrigo na ilha da interioridade, ou teríamos nos colocado ao serviço dos velhos patrões[80].*

Bobbio foi um crítico do comunismo, sem ser anticomunista; um leitor e admirador de Marx e de Gramsci que não se deixou seduzir pelo fascínio que o comunismo exerceu sobre uma grande parcela da intelectualidade italiana do segundo pós--guerra. Bobbio foi, desde a época da luta clandestina contra o fascismo nos anos juvenis, um liberal, embora sua adesão fosse ao liberalismo político e não ao liberalismo econômico (que os italianos

---

80. BOBBIO, N. "Libertà e potere". *Nuovi Argomenti*, a. III, n. 14, mai.-jun./1955, p. 1-23. Agora in REVELLI, M. *Norberto Bobbio*. Op. cit., p. 812 [tradução minha].

chamam de *liberismo*), nem ao libertarianismo, ou seja, às várias formas de anarquismo.

O liberal Bobbio manteve, porém, uma simpatia pelo socialismo: duas tradições de pensamento consideradas normalmente antagônicas. Ele defendia um "liberalismo social", que procurava encontrar uma vida própria, nos poucos espaços deixados pelas duas "igrejas", uma alternativa que fosse essencialmente laica, desprovida de dogmas, críticas e independente e que salvasse, ao mesmo tempo, os valores da liberdade e da igualdade. Para entender a postura de Bobbio em relação ao socialismo e ao liberalismo, devemos inicialmente abordar a sua crítica ao marxismo.

Bobbio manteve um longo diálogo com os marxistas desde os anos de 1950, passando pelos anos de 1970, até a queda do comunismo soviético no começo dos anos de 1990[81]. Vou escolher como ponto de partida a crítica ao que Bobbio chama de "escolástica marxista" ou de "marxologia"[82], ou seja, a preocupação dos estudiosos e militantes marxistas com a fidelidade ao pensamento de Marx, e portanto com a ortodoxia e a *glossa* a Marx, promovendo

---

81. Os principais textos deste debate estão reunidos em BOBBIO, N. *Qual socialismo.* Op. cit. • BOBBIO. N. *Nem com Marx nem contra Marx.* Op. cit.

82. BOBBIO, N. *Qual Socialismo.* Op. cit., p. 42.

longos e extenuantes debates internos sobre quais seriam os intérpretes mais fiéis do pensamento do mestre.

Típico neste sentido foi, nos anos de 1970 e 1980, o debate sobre o Marx filósofo e o Marx cientista, que teve como protagonistas os intérpretes positivistas ou historicistas de Marx, como Althusser, Della Volpe e Colletti de um lado e Luporini ou Cerroni de outro.

Bobbio definiu essa postura como "abuso do princípio de autoridade"[83], que comporta duas consequências: de um lado a obtusidade do espírito crítico: "É suficiente que uma coisa tenha sido dita por Marx ou tirada dos seus escritos ou de um dos seus intérpretes autorizados, para que seja considerada válida, sem maiores sutilezas ou preocupações em julgá-la ou compará-la com as coisas que acontecem realmente". Do outro lado, o excesso do espírito crítico: "Como Marx tem sempre razão, os seus adversários, ou mais simplesmente aqueles que fizeram afirmações que não coincidem com as de Marx ou dos seus intérpretes mais autorizados, estão sempre errados"[84].

Ora, poder-se-ia objetar que este debate interpretativo é normal e recorrente para todos os gran-

---

83. Ibid., p. 40.

84. Ibid.

des filósofos e pensadores como foi Marx. Bobbio reconhece "a grandeza de Marx como crítico da economia clássica, como historiador, filósofo, ou sábio", mas observa que "Marx não é um Kant ou um Leibniz, para os quais uma discussão puramente teórica pode ser, também, um fim em si mesma. Em uma discussão sobre Marx, o problema da teoria é inseparável da prática"[85]. Ponderadamente Bobbio se pergunta:

> Em vez de adotar Marx para disputas deste gênero, que deliciam os filósofos e são enigmáticas aos profanos, que não suspeitam que para ser revolucionários seja necessário não ser historicistas, não seria mais sábio utilizar a obra de Marx, como de resto já o fazem economistas e sociólogos que se pretendem marxistas, para aquilo que é ainda utilizável, para dela tirar instrumentos conceituais adaptados à análise da sociedade contemporânea?[86]

O exemplo que Bobbio joga na fogueira do debate com os marxistas é a discussão sobre a existência ou não de uma Teoria Marxista do Estado, e, mais especificamente, de uma teoria política, filosófica ou científica que seja. A tese de Bobbio a

---

85. Bobbio alude à famosa frase de Marx nas teses sobre Feuerbach: "Os filósofos até o momento se limitaram a interpretar o mundo, mas o que conta é transformá-lo".

86. BOBBIO, N. *Qual socialismo*. Op. cit., p. 40.

esse respeito é muito conhecida e suscitou – e, ainda hoje, suscita em alguns marxistas brasileiros – grande repercussão, é a de que não existe uma Teoria Marxista do Estado, porque essa teoria é postergada para depois da conquista do poder e do advento da sociedade comunista e, portanto, o que pode existir é somente uma teoria da transição para o socialismo ou o comunismo.

Referindo-se a uma obra de István Mészáros de 1971 –, na qual o filósofo húngaro discípulo de Lukács afirmava que: "As instituições socialistas de controle social não podem ser definidas nos particulares precedentemente à sua articulação prática" –, Bobbio comentava: "A burguesia não esperou a revolução para discutir as grandes linhas do novo Estado, da separação entre os poderes à relação entre executivo e legislativo, das liberdades civis às políticas etc."[87]

No entanto, em lugar de analisar o que aconteceu com o Estado nos países que estavam "oficialmente" em transição para o socialismo, chamados de países do "socialismo real", que estavam se tornando ditaduras **sobre** o proletariado, os marxistas, contrariando a sua visão materialista da história, se dedicavam ao estudo "do socialismo ideal", no qual haveria a extinção do Estado, assumindo a ilusão

---

87. Ibid., p. 24.

anarquista e fazendo afirmações tais como: "Não haverá mais necessidade de verdadeiros e próprios ministros, nem de polícia nem de cárceres, nem de leis, nem de direito, de nada" (Bukharin no *ABC do comunismo*); "A política e a economia serão uma só coisa, porque serão atingidas tanto a organização da sociedade quanto a produção, realizada por todos os produtores reunidos entre si"; ou, ainda, "A política no sentido estrito não existirá mais, será compreendida na economia social" (Pannekoek)[88]. Essas frases podem parecer utópicas e até ingênuas, mas refletem a previsão de Marx sobre a extinção do Estado, no final da *Miséria da Filosofia*, na qual afirma que: "A classe trabalhadora substituirá, no curso do seu desenvolvimento, a antiga sociedade civil por uma associação que excluirá as classes e seu antagonismo, e então não existirá mais poder político propriamente dito"[89]. Como isso será possível e realizável "nos detalhes" não é dado saber, enquanto vivermos neste vale de lágrimas que é o capitalismo.

Outro ponto de discussão de Bobbio com os marxistas se refere ao tema da democracia e da superação da democracia representativa burguesa por uma forma superior de democracia direta, participativa, proletária e socialista.

---

88. Ibid., p. 24.

89. BOBBIO, N. *Nem com Marx, nem contra Marx*. Op. cit., p. 163.

56

Bobbio começa a sua argumentação apresentando um tema central na sua teoria da democracia, qual seja: a definição mínima e necessária, embora não suficiente, de democracia consiste no estabelecimento das "regras do jogo" democrático, que Bobbio define assim:

> a) Todos os cidadãos que tenham atingido a maior idade, sem distinção de raça, religião, condições econômicas, sexo etc. devem gozar dos direitos políticos, isto é, do direito de exprimir com o voto a própria opinião e/ou eleger quem a exprima por ele; b) o voto de todos os cidadãos deve ter peso idêntico, isto é, deve valer por um; c) todos os cidadãos que gozam dos direitos políticos devem ser livres de votar segundo a própria opinião, formando-a o mais livremente possível, isto é, em uma livre-concorrência entre grupos políticos organizados, que competem entre si para reunir reivindicações e transformá-las em deliberações coletivas; d) devem ser livres ainda no sentido em que devem ser colocados em condições de terem reais alternativas, isto é, de escolher entre soluções diversas; e) para as deliberações coletivas como para as eleições dos representantes deve valer o princípio da maioria numérica, ainda que se possa estabelecer diversas formas de maiorias (relativa, absoluta, qualificada); f) nenhuma decisão tomada pela maioria deve limitar os direitos da

minoria, em modo particular o direito de tornar-se, em condições de igualdade, maioria[90].

Essa definição de democracia encontra alguns obstáculos para a sua realização. Podemos, pelo menos, enumerar quatro: "as grandes dimensões, a burocratização crescente do aparelho estatal, o tecnicismo sempre maior das decisões a tomar e a tendência à massificação da sociedade civil"[91]. Trata-se de dificuldades que se referem às modernas sociedades industriais avançadas de grandes dimensões e de crescente complexidade; dificuldades que obstaculizam, por exemplo, a viabilidade de uma democracia direta, alternativa à democracia representativa, exaltada como uma espécie de remédio infalível contra os defeitos do "sistema". Mas, diz Bobbio, "se a democracia, como tive ocasião de afirmar muitas vezes, é difícil [...] a democracia direta é ainda mais difícil"[92], para não dizer impossível. Pensar, portanto, como faziam alguns marxistas, que essas regras do jogo fossem "burguesas" e que precisavam ser superadas por uma forma mais radical de democracia direta e proletária era, para Bobbio, na melhor das hipóteses, uma

---

90. Ibid., p. 56.

91. Ibid., p. 86.

92. Ibid., p. 58.

utopia, na pior um pesadelo que poderia levar ao totalitarismo.

O tema da democracia está associado a outro tema fundamental no debate, ou seja, a relação entre democracia e socialismo. Bobbio não concorda com os que afirmam que "democracia e socialismo não podem seguir juntos pela simples razão de que são incompatíveis"[93], e que essa incompatibilidade se daria entre "a economia socialista e uma política democrática". Bobbio defende a compatibilidade entre democracia e socialismo, expressa na fórmula do socialismo liberal ou do liberalismo social. No entanto, a passagem da democracia para o socialismo suscita uma questão inquietante: "Se a transformação de uma sociedade capitalista em uma sociedade socialista é um salto de qualidade, como poderia ocorrer por meio do método democrático que é capaz somente de pequenas e graduais passagens de quantidade?"[94]

Bobbio chama de "bons socialistas" aqueles que são concomitantemente "bons democratas" e acreditam que a passagem da democracia ao socialismo seja possível seguindo duas direções: "Reformas de estruturas [...] e alargamento da participação (o que significa democratização também do

---

93. Ibid., p. 89.

94. Ibid.

poder econômico)"[95]. Dois caminhos que Bobbio considera problemáticos, porque as reformas estruturais encontram "limites de tolerância do sistema" (subentendido "capitalista"), passados os quais "aqueles que se sentem ameaçados nos seus interesses reagem com a violência", obrigando, portanto, os que pretendem realizar essas reformas a "responder com a violência"[96].

O segundo caminho explicita quais são tais limites: "a impossibilidade de controlar democraticamente, a partir de baixo, o poder econômico", ou seja, "o progressivo alargamento das bases democráticas encontraria uma barreira insuperável – insuperável, é claro, no âmbito do sistema – em frente aos portões da fábrica"[97].

Essa questão permanece como uma aporia não resolvida pelos marxistas, mas também nos marcos do sistema de pensamento de Bobbio, não somente nos debates dos anos de 1950 e 1970, bem como no período posterior à queda do comunismo soviético. Daí nasce a fragilidade da sua proposta de um socialismo liberal ou de um liberalismo social, porque falta em Bobbio uma reflexão sobre a economia política. Em sua filosofia política, forma-se

---

95. Ibid., p. 90.

96. Ibid.

97. Ibid.

uma lacuna ou uma aporia diante da qual o filósofo limita-se a algumas frases de efeito tais como: "É preciso saber não somente quem e quantos votam, mas também onde se vota", ou: "A democracia para diante dos portões das fábricas" etc., sem, contudo, enfrentar e desenvolver a questão.

Assim como na Teoria Marxista falta uma doutrina do Estado, na teoria de Bobbio falta uma teoria do lugar da economia (capitalista, conceito muito pouco usado por Bobbio e menos ainda analisado) na Teoria da Democracia. Sua teoria é eminente e exclusivamente política; ela não avança no terreno da economia e, quando o faz, encontra impasses e aporias que não consegue superar.

Na verdade, uma resposta implícita existe e está no "moderatismo bobbiano": se não é possível em democracia fazer saltos qualitativos, ou seja, revolucionários, mas somente reformas gradativas, o socialismo assim como entendido pelos marxistas nunca será possível, permanece somente uma utopia no sentido pejorativo do termo. O que pode acontecer, e de fato aconteceu historicamente, é um compromisso entre economia capitalista e democracia liberal, por meio da experiência da social-democracia europeia: o máximo de síntese possível.

De fato, afirma Bobbio, até o momento, nenhuma sociedade capitalista transitou democraticamente, ou seja, respeitando as "regras do jogo", do capitalismo para o socialismo. O que aconteceu, depois da queda do muro de Berlim, foi o contrário, ou seja, um sistema econômico-político socialista se transformou repentinamente num sistema capitalista de democracia liberal: uma verdadeira revolução às avessas, ou uma "utopia invertida"[98].

Mas, qual é então o sentido da fórmula bobbiana de um socialismo liberal ou um liberalismo social? É o tema que procuraremos aprofundar na próxima lição.

---

98. BOBBIO, N. *Os intelectuais e o poder*. Op. cit., p. 187. Trata-se de título de uma coletânea de artigos publicados na Coleção Terza Pagina. Turim: La Stampa, 1990.

QUINTA LIÇÃO

Entre liberalismo
e socialismo

> *Duas teses fundamentais do
> Marx economista deveriam estar
> sempre presentes: a) o primado
> do poder econômico sobre o
> poder político; b) a previsão de
> que por meio do mercado tudo
> pode se tornar mercadoria, donde
> a chegada inevitável à sociedade
> da mercadorização universal*[99].

Em um dos seus últimos ensaios, escrito em 1990, Bobbio reconhece que o liberal-socialismo ou o socialismo liberal pode parecer uma fórmula vazia de conteúdo ou com um sentido dificilmente determinável; já que, na maioria das vezes, é percebida como um paradoxo ou um oximoro entre duas concepções e tradições políticas opostas e irreconciliáveis, uma vez que:

> não há nenhuma grande dicotomia no âmbito das ciências sociais em que o liberalismo e o socialismo não se coloquem

---

99. BOBBIO, N. *Nem com Marx, nem contra Marx*. Op. cit., p. 305.

em lados opostos. [...] Primazia da esfera privada ou da esfera pública; propriedade individual ou coletiva; a burguesia como sujeito histórico dominante ou o proletariado como sujeito histórico alternativo; direita ou esquerda; visão individualista do homem ou visão organicista da sociedade; atomismo ou holismo; sociedade ou comunidade; se alguém tiver outras, é só introduzi-las. O indivíduo vem antes da sociedade, ou a sociedade antes do indivíduo? A parte vem antes do todo, ou o todo antes da parte? Concepção conflituosa da sociedade ou concepção harmonizadora do conjunto social?[100]

Sobre essa dicotomia, Bobbio faz um comentário de certa maneira surpreendente ao considerar que estas antíteses, aparentemente irreconciliáveis, "estão fadadas a se atenuar transformando o oximoro em uma síntese, *à medida que nos afastamos dos movimentos socialistas influenciados pelo marxismo*", e cita como exemplo o liberal-socialismo de Stuart Mill e Hobhouse, mas também de Bertrand Russell, na Inglaterra, de John Dewey nos Estados Unidos, os dos Irmãos Rosselli, de Guido Calogero e Piero Gobetti na Itália, que foram socialistas, mas não marxistas[101].

---

100. BOBBIO, N. *O filósofo e a política.* Op. cit. p. 507-508.
101. Ibid., p. 508-509.

A mesma posição vale para o lado liberal: o oximoro se atenua se não se consideram as críticas radicalmente antissocialistas de Vilfredo Pareto (em *Sistemas socialistas*), de Ludwig von Mises (*Socialismo*) ou de Frederich von Hayek (*O caminho para a servidão*), ou seja, dos críticos mais radicais do socialismo e do comunismo[102].

Como vimos no debate com os comunistas, Bobbio nunca foi um anticomunista como os autores citados, ou como na França Raymond Aron, na Áustria e na Inglaterra Karl Popper, na Itália Giovanni Sartori, e essa acusação de "benevolência" para com os comunistas lhe foi lançada pelos seus críticos como uma espécie de concessão perigosa, da qual ele se defende assim:

> O fascismo fora o inimigo. Os comunistas foram naqueles anos adversários com os quais era preciso estabelecer um diálogo a respeito dos grandes temas da liberdade, da justiça social, e sobretudo da democracia, para resistir à contraofensiva, à época talvez supervalorizada, da direita reacionária[103].

Ele defendia esta postura inclusive porque considerava o socialismo "não uma antítese do liberalismo, mas, de certa forma, sua continuação e com-

---

102. Ibid., p. 507.

103. BOBBIO, N. *O tempo da memória*. Op. cit., p. 131.

plemento", posição que Bobbio considerava típica do social-liberalismo italiano de Carlo Rosselli, mas também de em algumas figuras do marxismo humanista italiano como, por exemplo, Rodolfo Mondolfo, que escreveu: "O marxismo, como sua filosofia da práxis [...] é herdeiro da filosofia clássica da liberdade, por ele levada a suas consequências extremas"[104].

Para colocar historicamente essa continuidade, obviamente numa história das ideias ou "ideal", Bobbio apresenta um dos seus *esquisse* ou *tableau* à la Condorcet que sintetizam em uma fórmula séculos de história, colocando em sequência ideal três tipos de emancipação: a religiosa (a Reforma), a política (a Revolução Francesa) e a econômica (o Socialismo), que relembram a sua Teoria das Gerações de Direitos que analisaremos mais adiante:

> Em termos um tanto esquemáticos, a emancipação política, que foi obra da Revolução Francesa, teria sido seguida pela emancipação econômica. Aliás, a Revolução Francesa foi precedida, por sua vez, com a Reforma e o processo de secularização dela decorrente, pela emancipação religiosa. As emancipações religiosa e política esperavam ser complementadas pela emancipação econômica. [...] As duas primeiras formas

---

104. Ibid., p. 511.

de emancipação tiveram êxito; a terceira mostrou-se mais difícil[105].

Marx havia entendido claramente a supremacia do poder econômico, mas os movimentos que nele se inspiraram fracassaram e tiveram efeitos perversos, sendo o principal a repressão da liberdade. Depois da queda do comunismo, volta à atualidade o tema de um socialismo liberal, que ele considera possível, ou seja, um socialismo "a inventar", menos ligado aos textos canônicos e aberto para a renovação sem medo de serem tachados de revisionistas, ou, pior, de traidores da ortodoxia[106].

Bobbio pensa, sobretudo, num socialismo que seja indissociável da democracia. "Creio – afirma Bobbio – que se pode dizer que o encontro entre o liberalismo apresentou-se historicamente por duas vias diferentes: a do liberalismo ou libertarismo movendo-se para o socialismo, entendido como complemento da democracia puramente liberal, e a do socialismo para o liberalismo, entendido como *conditio sine qua non* de um socialismo que não seja antiliberal"[107].

Dessa sua posição deriva a defesa da atualidade da diferença entre direita e esquerda, como

---

105. Ibid., p. 513.

106. Ibid., p. 484.

107. Ibid., p. 514.

diferença entre os que, por um lado, defendem a liberdade como valor primário e os que, por outro, analogamente fazem-no com a igualdade; ideia presente no seu livro que teve maior êxito editorial na Itália quando foi lançado em 1994[108]. A postura assumida rendeu-lhe muitas críticas, sobretudo à direita; críticas que o colocam claramente no campo de esquerda.

Bobbio reconheceu que nunca se decidiu entre o liberalismo e o socialismo e este seu "estar no meio" constitui ao mesmo tempo a sua força e a sua debilidade: força porque lhe permitiu certo distanciamento e olhar crítico sobre a política cotidiana ligada às exigências dos partidos; debilidade porque provocou algumas oscilações e indefinições no seu pensamento.

Sobre essa questão, parece-nos oportuno fazer uma breve comparação entre a posição de Bobbio e a de um dos maiores intelectuais marxistas brasileiro, Carlos Nelson Coutinho, que colocava a relação entre socialismo e democracia, em termos parecidos aos de Bobbio, mas dava a este dilema uma solução diferente.

Afirmava Coutinho que não há socialismo possível sem democracia, considerada como um "valor

---

108. BOBBIO, N. *Direita e esquerda* – Razões e significados de uma distinção política. São Paulo: Unesp, 2001 [Trad. de Marco Aurélio Nogueira].

universal", citando uma famosa expressão do antigo líder do Partido Comunista Italiano Enrico Berlinguer[109]. Por outro lado, em outro livro intitulado *Contra a corrente*[110], afirmava que não pode haver uma democracia sem socialismo, e essa segunda parte da tese é tão importante quanto a primeira e bem mais difícil de realizar.

Enquanto o primeiro livro, escrito em 1979, enfatizava a importância do respeito do sistema de garantias de direitos das democracias burguesas, criticando assim as teorias que consideravam as liberdades "burguesas" um campo meramente tático e não estratégico para a construção do socialismo (tradição que podemos definir "leninista"); o segundo, publicado em 2008, ia no sentido oposto, criticando as teorias que defendiam uma acomodação permanente da democracia aos moldes capitalistas, remetendo o socialismo para horizontes sempre mais longínquos e, de fato, renunciando a ele (tradição reformista que encontra em Bernstein e Kautsky os seus fundadores).

A proposta de Coutinho é a de que a democracia (entendida sobretudo como direta ou participativa) é a condição necessária a qualquer projeto

---

109. COUTINHO, C.N. *A democracia como valor universal.* Rio de Janeiro: Civilização Brasileira, 1979.

110. COUTINHO, C.N. *Contra a corrente* – Ensaios sobre democracia e socialismo. São Paulo: Cortez, 2008.

socialista, tese bastante consolidada e incorporada à teoria e à prática dos projetos socialistas na atualidade. A experiência dos socialismos do século XX ensinou que a abolição dos direitos e das garantias individuais e do pluralismo político em nome de uma ditadura, mesmo que do proletariado, é um caminho que não pode ser mais percorrido.

Bem mais árduo e difícil, porém, é apontar um novo caminho a ser seguido, o caminho que leva ao socialismo a partir da democracia: até o momento nenhum projeto socialista foi realizado a partir de uma "radicalização" da democracia. O dilema de Coutinho e de Bobbio, em relação à democracia e ao socialismo, parte dos mesmos pressupostos, mas a diferença está em que para o primeiro a solução se encontra numa reformulação e atualização da perspectiva revolucionária marxista, para o segundo no seu definitivo abandono em favor do reformismo.

De qualquer forma, o tema central da discussão em jogo era o da democracia, nas suas várias formas, como veremos a seguir.

Sexta lição

A democracia representativa

> *Na democracia moderna o soberano não é o povo, mas sim todos os cidadãos. O povo é uma abstração, cômoda, mas ao mesmo tempo enganadora: os indivíduos, com seus defeitos e interesses, são uma realidade. Não por casualidade, na base das democracias modernas estão as declarações dos direitos do homem e do cidadão, desconhecidas para a democracia dos antigos[111].*

Bobbio é reconhecido como um dos mais importantes teóricos da democracia, mas a sua concepção de democracia é bastante complexa. O filósofo italiano não deixou um tratado sistemático de teoria política ou de teoria da democracia – apesar dos esforços dos seus colaboradores para criar uma "teoria geral" da política –, mas publicou nu-

---

111. BOBBIO, N. *O filósofo e a política*. Op. cit., p. 253.

merosos ensaios reunidos em coletâneas que tratam do tema[112].

Bobbio define os regimes políticos a partir de três principais critérios: **quem** detém a titularidade do poder, **como** este poder é exercido ou quais são os procedimentos para exercer esta titularidade, e **quais** são os valores que o fundamentam. Veremos como estes critérios se aplicam às diferentes concepções de democracia que ele analisa.

A definição que inicialmente Bobbio utiliza para definir quem deve governar numa democracia é a tradicional: "Também hoje se entende por democracia a forma de governo na qual o povo é soberano. O artigo 1º da Constituição da República Italiana diz: "A soberania pertence ao povo"[113]. Assim a diferença essencial entre "democracia" e "autocracia" seria a atribuição do poder ao povo ou ao número grande de pessoas:

> Afirmo preliminarmente que o único modo de se chegar a um acordo quando se fala de

---

112. BOBBIO, N. *O futuro da democracia*. Op. cit. • BOBBIO, N. "Democracia". *Teoria Geral da Política*. Op. cit. • BOBBIO, N. "Democracia". *O filósofo e a política*. Op. cit. • BOBBIO, N. "Le forme della politica". In: REVELLI, M. *Norberto Bobbio*. Op. cit., p. 1.052-1.497.

113. BOBBIO, N. *O filósofo e a política*. Op. cit., p. 235. Analogamente afirma o Art. 1 da Constituição da República Federativa do Brasil: "Todo o poder emana do povo, que o exerce por meio de representantes eleitos ou diretamente, nos termos desta Constituição".

> democracia, entendida como contraposta a todas as formas de governo autocrático, é o de considerá-la caracterizada por um conjunto de regras (primárias ou fundamentais) que estabelecem quem está autorizado a tomar as decisões coletivas e com quais procedimentos. [...] No que diz respeito aos sujeitos chamados a tomar (ou a colaborar para a tomada de) decisões coletivas, um regime democrático caracteriza-se por atribuir este poder (que estando autorizado pela lei fundamental torna-se um direito) a um número muito elevado de membros do grupo[114].

Dependendo, porém, da **maneira** como o poder democrático é exercido, teremos várias formas de democracia, sendo as três principais: a democracia direta (dos antigos e dos modernos), a democracia representativa tipicamente moderna e a democracia elitista, que é um conceito-limite entre democracia e autocracia. Em consonância com o ecletismo que o caracteriza, Bobbio defende uma concepção que poderíamos definir "mista" de democracia[115], ou seja, a presença de elementos das três principais maneiras de conceber a democracia (excluindo a democracia direta dos antigos, que considera im-

---

114. BOBBIO, N. *O futuro da democracia*. Op. cit., p. 31.

115. Cf. BOBBIO, N. *A Teoria das Formas de Governo*. Brasília: UnB, 1992, p. 65-73.

praticável nas grandes e complexas unidades políticas modernas). A seguir analisaremos essas três formas e suas relações.

Bobbio entende por **democracia representativa**, *prima facie*, um sistema em que um número bastante elevado de pessoas, senão propriamente todas ("A onicracia, como governo de todos, é um ideal-limite"[116]), possui a competência política para governar ou, pelo menos, para julgar uma política como boa ou má.

Porém, Bobbio introduz uma importante distinção: a democracia por ele defendida é a democracia liberal, ou seja, os cidadãos enquanto indivíduos singulares (*uti singuli*), e não o povo como corpo coletivo (segundo a definição rousseauniana), são os sujeitos das decisões públicas:

> A democracia nasceu de uma concepção individualista da sociedade, isto é, da concepção para a qual – contrariamente à concepção orgânica, dominante na Idade Antiga e na Idade Média, segundo a qual o todo precede as partes – a sociedade, qualquer forma de sociedade, e especialmente a sociedade política, é um produto artificial da vontade dos indivíduos[117].

---

116. BOBBIO, N. *O futuro da democracia*. Op. cit., p. 18.

117. Ibid., p. 17.

No ensaio dedicado à *Herança da Grande Revolução*, reunido em *A era dos direitos*, Bobbio havia tratado esse tema recorrente na sua obra, ou seja, a defesa de uma concepção individualista e não coletivista da democracia:

> Da concepção individualista da sociedade nasce a democracia moderna (a democracia no sentido moderno da palavra), que deve ser corretamente definida não como o faziam os antigos, isto é, como o "poder do povo", e sim como o poder dos indivíduos tomados um a um, de todos os indivíduos que compõem uma sociedade regida por algumas regras essenciais, entre as quais uma fundamental, a que atribui a cada um, do mesmo modo como a todos os outros, o direito de participar livremente na tomada das decisões coletivas, ou seja, das decisões que obrigam toda a coletividade. A democracia moderna repousa na soberania não do povo, mas dos cidadãos. O povo é uma abstração, que foi frequentemente utilizada para encobrir realidades muito diversas[118].

A democracia representativa moderna mantém o pressuposto da competência política de todos os cidadãos (como a defendia o sofista Protágoras no famoso apólogo de Prometeu e Epimeteu, verda-

---

118. BOBBIO, N. *A era dos direitos*. Op. cit., p. 51.

deiro "mito fundador" da democracia)[119], expressa na fórmula da "soberania popular" como fonte do exercício do poder político. Desse ponto de vista, a democracia dos modernos é uma ampliação da democracia antiga, uma vez que o espaço da cidadania que, na Grécia antiga e em Roma ou na Florença renascentista, era limitado aos cidadãos livres e iguais, homens, nascidos na cidade, de família tradicional, é agora estendido e ampliado "idealmente" para todos os espaços da cidadania ativa e passiva, por meio do sufrágio universal e livre.

Sobre isso, afirma Bobbio: "Com a palavra democracia os antigos entendiam a democracia direta; os modernos a representativa. [...] O sufrágio, que hoje é considerado o fato mais relevante de uma democracia, é o voto dado não para decidir, mas sim para eleger quem deve decidir"[120]. A eleição, que na Antiguidade era uma exceção restrita aos cargos mais relevantes, se torna na democracia moderna a regra, que, de certa forma, não admite exceções, porque não está mais previsto o método do sorteio (senão em casos bem-específicos como o júri popular). Isso demonstra que a nossa confiança

---

119. PLATÃO. *Protágoras*. Lisboa: Relógio D'Água, 1999.

120. BOBBIO, N. *O filósofo e a política*. Op. cit., p. 245.

na competência política de todos os cidadãos não é tão firme como a de Protágoras[121].

Formalmente, a grande maioria das democracias modernas possui um arcabouço jurídico e institucional que se fundamenta nos princípios da democracia representativa e da soberania popular, definidos na Constituição por meio dos mecanismos clássicos: a divisão dos poderes, que permite um *check and balance* entre eles, os processos eleitorais periódicos e regulares que permitem a alternância de governos, o funcionamento dos partidos e das instituições democráticas que garantem algumas liberdades fundamentais dos cidadãos. O elemento representativo se funda na retórica da representação dos "interesses gerais" ou do "bem comum" da sociedade e da proibição do mandato vinculante.

Na democracia moderna há, entretanto, uma distinção entre todos os cidadãos, que são, em princípio, competentes para julgar os assuntos políticos (cidadania passiva), e uma classe de cidadãos que são competentes não somente para julgar, mas também para exercer os cargos políticos (cidadania ativa). Surge assim uma classe política que encontra

---

121. Bobbio alerta que não se pode confundir "democracia representativa" com "Estado parlamentar", uma vez que o estado parlamentar seria uma "aplicação particular, embora relevante do ponto de vista histórico, do princípio da representação". Cf. BOBBIO, N. "Democracia representativa e democracia direta". *O futuro da democracia*. Op. cit., p. 54.

a sua razão de ser enquanto representante do povo, mas, ao mesmo tempo, se distancia dele e assume um papel autônomo, maior ou menor segundo as circunstâncias e os regimes políticos. Em princípio, o poder volta ao povo periodicamente e nada impede que qualquer cidadão possa assumir cargos políticos e se tornar cidadão ativo. Todavia, essa possibilidade encontra seu limite na existência de uma classe política, formada por políticos profissionais, que vivem não somente *para* a política, mas *da* política, segundo a afirmação de Max Weber, amiúde citada e apreciada por Bobbio. Uma classe política que tende a perpetuar-se e, com isso, originar o fenômeno muito conhecido nas democracias contemporâneas, da apatia política dos cidadãos, chamados a participarem somente na hora do voto.

Para resolver esse impasse, foram feitas várias propostas, entre elas a de uma maior participação do "povo" na administração da coisa pública. É o tema da democracia direta ou participativa que veremos na próxima lição.

SÉTIMA LIÇÃO

Democracia direta e participativa

> *Com uma expressão sintética pode-se dizer que, se hoje se pode falar de processo de democratização, ele consiste não tanto, como erroneamente muitas vezes se diz, na passagem da democracia representativa para a democracia direta quanto na passagem da democracia política em sentido estrito para a democracia social*[122].

A democracia direta moderna surgiu como reação crítica à democracia representativa, com o intuito de alargar os espaços de cidadania a todas as esferas de decisão possíveis, procurando superar assim a dicotomia entre "povo" e "classe política", o distanciamento entre o "poder soberano do povo" e a alienação deste poder nas mãos de um grupo de representantes. Bobbio, porém, faz uma distinção entre democracia **direta** e democracia **participativa**.

---

122. BOBBIO, N. *O futuro da democracia*. Op. cit., p. 54.

A democracia direta, entendida como alternativa à democracia representativa, encontra seus fundamentos, na Modernidade, na crítica de Rousseau à representação:

> Parto de uma constatação sobre a qual podemos estar todos de acordo: a exigência, tão frequente nos últimos anos, de maior democracia exprime-se como exigência de que a democracia representativa seja ladeada ou mesmo substituída pela democracia direta. Tal exigência não é nova: já a havia feito, como se sabe, o pai da democracia moderna, Jean-Jacques Rousseau, quando afirmou que "a soberania não pode ser representada" e, portanto, "o povo inglês acredita ser livre, mas se engana redondamente; só o é durante a eleição dos membros do parlamento; uma vez eleitos estes, ele volta a ser escravo, não é mais nada"[123].

Rousseau é o filósofo da liberdade entendida como autonomia plena do sujeito, o qual obedece somente à lei que ele mesmo se deu; é, por isso, um crítico da representação, enquanto afirma o caráter inalienável da liberdade; mas Rousseau é também o defensor de uma concepção monolítica ou monista do poder que põe em risco a liberdade.

---

123. Ibid., p. 41. • ROUSSEAU, J.-J. *O contrato social*, III. São Paulo: Abril, 1983, p. 15 [Os Pensadores].

Em *O contrato social,* as cláusulas que compõem o contrato reduzem-se a uma só:

> A alienação total de cada associado, com todos os seus direitos, à comunidade toda, porque, em primeiro lugar, cada um, dando-se completamente, a condição é igual para todos, e, sendo a condição igual para todos, ninguém se interessa em torná-la onerosa para os demais[124].

O conceito central que sustenta toda a argumentação é o de "vontade geral", uma "entidade metafísica" que não pode ser empiricamente identificada nem com a vontade da maioria, nem com a vontade de todos[125] e que é definida por Rousseau como inalienável, indivisível e infalível[126]. A respeito disso afirma Bobbio:

> Se por democracia direta se entende literalmente a participação de todos os cidadãos em todas as decisões a eles pertinentes, a proposta é insensata. [...] O indivíduo rousseauniano conclamado a participar de manhã à noite para exercer os seus deveres de cidadão não seria o homem total, mas o cidadão total (como foi chamado com evidentes intenções polêmicas

---

124. ROUSSEAU, J.-J. *O contrato social.* Op. cit., p. 32.

125. Ibid., p. 46-47.

126. Ibid., p. 44.

por Dahrendorf). E, bem vistas as coisas, o cidadão total nada mais é que a outra face igualmente ameaçadora do Estado total. Não por acaso, a democracia rousseauniana foi frequentemente interpretada como democracia totalitária em polêmica com a democracia liberal[127].

Com efeito, as características do poder soberano de Rousseau são muito próximas das do poder soberano de Hobbes: absoluto, indivisível e irresistível, assim como a noção de vontade geral proposta pelo filósofo genebrino é indivisível, inalienável, infalível. Ambas as teorias não admitem limites jurídicos à soberania, como afirma o próprio Rousseau:

> Baseando-se nesta ideia [de que o objeto das leis é sempre geral], vê-se logo que não se deve mais perguntar a quem cabe fazer as leis, pois são atos da vontade geral, nem se o príncipe está acima das leis, visto que é membro do Estado; ou se a lei pode ser injusta, pois ninguém é injusto consigo mesmo, ou como pode ser livre e estar sujeito às leis, desde que estas não passam de registros nas nossas vontades[128].

---

127. BOBBIO, N. *O futuro da democracia*. Op. cit., p. 54-55.

128. ROUSSEAU, J.-J. *O contrato social*. Op. cit., p. 55.

Não é difícil ver como as características dessa democracia "plebiscitária"[129] se encontram em algumas formações históricas como a demagogia, o populismo, e, no limite, os totalitarismos. Quando a democracia direta assume uma concepção monista do poder e se coloca como alternativa à democracia representativa, pode-se cair em formas autoritárias de tirania da maioria; isso porque o princípio da democracia, entendido *stricto sensu* como vontade da maioria, tende a ser absoluto e não encontra limites, contraposições, balanceamentos no outro princípio fundante do Estado de Direito, que é a garantia dos direitos individuais e das minorias.

É este o perigo que Bobbio teme: numa democracia plebiscitária, o poder é monocrático, pois pressupõe uma concepção monista, enquanto a democracia dos modernos pressupõe o pluralismo no Estado e na sociedade civil: "O deslocamento do ângulo visual do Estado para a sociedade civil nos obriga a considerar que existem outros centros de poder além do Estado. Nossas sociedades não são monocráticas, mas policráticas"[130].

> O que significa então dizer que a democracia dos modernos deve fazer as contas com o pluralismo? Significa dizer que a demo-

---

129. Cf. BARZOTTO, L.F. "A democracia plebiscitária". *A democracia na Constituição*. São Leopoldo: Unisinos, 2003, p. 85-130.

130. BOBBIO, N. *O futuro da democracia*. Op. cit., p. 57.

cracia de um estado moderno nada mais pode ser que uma democracia pluralista. [...] A teoria democrática toma em consideração o poder autocrático, isto é, o poder que parte do alto, e sustenta que o remédio contra este tipo de poder só pode ser o poder que vem de baixo. A teoria pluralista toma em consideração o poder monocrático, isto é, o poder concentrado numa única mão, e sustenta que o remédio contra este tipo de poder é o poder distribuído[131].

A democracia deve conviver com uma sociedade civil pluralista e permitir que essa sociedade participe da vida política, distribuindo assim e controlando o poder:

Como se afirmou várias vezes, o defeito da democracia representativa, se comparada com a democracia direta, consiste na tendência à formação destas pequenas oligarquias que são os comitês dirigentes dos partidos; tal defeito apenas pode ser corrigido pela existência de uma pluralidade de oligarquias em concorrência entre si. Tanto melhor porém se aquelas pequenas oligarquias, através de uma democratização da sociedade civil, através da conquista dos centros de poder da sociedade civil por parte dos indivíduos sempre mais e sempre melhor participantes, tornam-se

---

131. Ibid., p. 60.

> sempre menos oligárquicas, fazendo com que o poder não seja apenas distribuído, mas também controlado[132].

É isso que Bobbio chama de democracia participativa. Para ele, nas sociedades modernas não é possível nem desejável a transição de uma democracia representativa para uma democracia direta. Isso se deve não somente às dimensões e à complexidade dos Estados modernos, mas também e sobretudo à necessidade de salvaguardar o pluralismo, as liberdades e garantias individuais e a livre manifestação do conflito e do dissenso social.

Nessa perspectiva, é irrelevante se o representante é considerado um "delegado" ou um "fiduciário", se pretende representar os "interesses gerais" ou os interesses de uma categoria, se o seu mandato é fixo ou revogável; o que importa é que nenhuma sociedade moderna pode funcionar sem a mediação da representação e que a representação pode conviver com a participação:

> Democracia representativa e democracia direta não são dois sistemas alternativos (no sentido de que onde existe uma não pode existir a outra), mas são dois sistemas que se podem integrar reciprocamente. Com uma fórmula sintética, pode-se dizer que, num sistema de democracia in-

---

132. Ibid., p. 61.

tegral, as duas formas de democracia são ambas necessárias, mas não são, consideradas em si mesmas, suficientes[133].

O tamanho e a complexidade dos Estados modernos, assim como o seu caráter pluralista e politeísta, inviabilizam as formas de democracia direta das cidades-estados antigas ou das repúblicas medievais e renascentistas, assim como as formas de democracia plebiscitárias, mas possibilitam formas de democracia participativa, tais como as assembleias populares (limitadas aos governos locais) e o *referendum*[134]. A participação dos cidadãos na vida política é, para Bobbio, extremamente salutar e necessária para corrigir os vícios da representação que tende a concentrar o poder numa elite econômica, política e social. Ela deve se desenvolver em duas direções: para a democratização do Estado, mas também para a democratização da sociedade[135].

A partir dessa premissa, Bobbio pondera que, para uma sociedade ser democrática, não é suficiente saber "quem vota", mas "onde se vota",

---

133. Ibid., p. 52.

134. Exemplos de democracia participativa no Brasil são os Conselhos de Direitos, as experiências de orçamento participativo, as ouvidorias etc. Cf. LYRA, R.P. "As concepções de democracia participativa de Bobbio e a experiência brasileira". In: TOSI, G. (org.). *Norberto Bobbio*. Op. cit. Vol. 1, p. 349-384.

135. BOBBIO, N. *O futuro da democracia*. Op. cit., p. 54.

abrindo perspectivas para uma concepção bastante radical de participação política e social, que talvez sirva para contrabalançar a sua concepção elitista da democracia[136].

Essas afirmações soam como uma crítica de Bobbio às reivindicações da democracia "assembleristas" dos movimentos estudantis de 1968, que ele confessou de nunca ter entendido e, ao mesmo tempo, como uma resposta à demanda de maior participação que tais movimentos representavam e com a qual Bobbio concordava.

Mas Bobbio desenvolveu apenas marginalmente essas sugestões nas suas reflexões sobre a democracia, uma vez que, apesar das aspirações a uma democracia sempre mais participativa e social, o filósofo Bobbio possui uma concepção de democracia que deve muito ao elitismo político, talvez mais do que ele esteja disposto a admitir, como veremos na próxima lição.

---

136. Ibid., p. 56.

Oitava lição

A democracia como ela é: o elitismo democrático

> *A Teoria das Elites recupera muito do que de realístico e não do que meramente ideológico contém a doutrina tradicional da democracia e tem, por consequência, não tanto a negação de existência de regimes democráticos, mas mais uma redefinição que terminou por tornar-se preponderante na hodierna ciência política de democracia[137].*

À lista das dicotomias bobbianas proposta por Ruiz Miguel poderíamos acrescentar mais uma: um "elitista democrático". No sentido estrito da palavra, as formas de governo democráticas seriam somente as que acabamos de expor: a democracia representativa, a direta e a participativa, sendo a plebiscitária uma forma "desviada", para usar a terminologia aristotélica. Entretanto, há uma outra

---

137. BOBBIO, N. et al. "Democracia". *Dicionário de Política.* Op. cit., p. 326.

teoria que está no limite entre as doutrinas autocráticas e democráticas: a democracia como competição entre elites.

Em época moderna, o questionamento mais radical do princípio democrático foi feito pelos teóricos da chamada Teoria das Elites, elaborada entre o final do século XIX e o início do século XX por dois sociólogos italianos, Vilfredo Pareto e Gaetano Mosca, e um politólogo alemão, naturalizado italiano, Roberto Michels, aos quais Bobbio dedica um longo ensaio analítico[138].

Segundo tal doutrina, em todos os regimes políticos, inclusive naqueles considerados democráticos, nunca é o "povo" quem governa, mas são sempre "elites" econômicas, políticas, sociais, religiosas, tecnológicas. Entre as definições de elites, a mais abrangente é aquela dada por Gaetano Mosca, em 1896, na obra *Elementos de ciência política*, citada por Bobbio:

> Em todas as sociedades [...] existem duas classes de pessoas: as dos governantes e as dos governados. A primeira, que é sempre a menos numerosa, assume todas as funções públicas, monopoliza o poder e goza as vantagens que a ele estão anexas; enquanto que a segunda, mais numerosa,

138. BOBBIO, N. *Ensaio sobre a ciência política na Itália.* Brasília: UnB, 2002 [Trad. de Maria Celeste F. Faria Marcondes].

é dirigida e regulada pela primeira, de modo mais ou menos legal ou de modo mais ou menos arbitrário e violento, fornecendo a ela, ao menos aparentemente, os meios materiais de subsistência e os que são necessários à vitalidade do organismo político[139].

O "núcleo duro" da doutrina, que possui variações conforme os autores, é expresso pela famosa (e famigerada, como acrescenta Bobbio) "lei de ferro da oligarquia" de Michels, segundo a qual todo regime político, inclusive a democracia, seria uma variável da oligarquia:

A organização é a mãe do predomínio dos eleitos sobre os eleitores, dos mandatários sobre os mandantes, dos delegados sobre os delegantes. Quem diz democracia diz organização, quem diz organização diz oligarquia, portanto, quem diz democracia diz oligarquia[140].

Em nenhum sistema e em nenhuma época histórica – afirmam os elitistas –, desde as organizações sociais e políticas mais primitivas até as civilizações mais avançadas e cultas, nunca foi "o povo" quem governou, mas sempre um grupo restrito de

---

139. BOBBIO, N. *Dicionário de política*. Op. cit., p. 385.

140. MICHELS, R., apud BOBBIO, N. et al. *Dicionário de Política*. Op. cit., p. 386.

elites (Pareto) ou uma classe dirigente (Michels) ou uma classe política (Mosca).

Num primeiro momento, a Teoria das Elites, afirma Bobbio, "serviu de bacia coletora de todos os humores antidemocráticos e antissocialistas, provocados pelo aparecimento do movimento operário. E permitiu formular, de uma maneira que até então não tinha sido assim tão nítida, a antítese elite/massa, onde o termo positivo era o primeiro, e negativo o segundo"[141]. Porém, aos poucos, ela foi "separada" do seu caráter ideológico e acolhida como uma "teoria historicamente correta, por seu valor científico, por escritores liberais e até democráticos, como os italianos Einaudi e Croce, Salvemini e Gobetti"[142].

O elitismo foi também objeto de discussão e de crítica pelos marxistas. Gramsci identifica a classe política de Mosca com "a categoria intelectual do grupo social dominante" e afirma que "o conceito de 'classe política' deve ser aproximado do conceito de 'elite' de Pareto, que é outra tentativa de interpretar o fenômeno histórico dos intelectuais e sua função na vida estatal e social". Gramsci define o livro de Mosca como "uma enorme mixórdia de caráter sociológico e positivista, com, além disso,

---

141. BOBBIO, N. *Dicionário de Política*. Op. cit., p. 387.
142. Ibid.

a tendenciosidade da política imediata, o que o faz menos indigesto e literariamente mais vivaz"[143].

Por outro lado, Gramsci percebe a relevância do desafio que a Teoria das Elites lança para a esquerda e coloca, com a perspicácia e a lucidez que o caracterizam, a questão central do elitismo:

> Pretende-se que sempre existam governantes e governados, ou pretende-se criar as condições nas quais a necessidade dessa divisão desaparece? Isto é, parte-se da premissa da divisão perpétua do gênero humano ou crê-se que ela é apenas um fato histórico correspondente a certas condições?[144]

Gramsci historiciza a tese dos elitistas, retirando-lhe o seu caráter de "lei natural e universal" porque fundada numa característica permanente e imutável da natureza humana. Porém, a historicização não é suficiente para afastar o desafio lançado pelos elitistas, tanto de um ponto de vista teórico como prático. Mesmo não sendo uma lei natural, ela pode ser vista como uma "lei histórica" que até o momento dominou a história humana, e não há como saber se no futuro ela poderá ser finalmente

---

143. GRAMSCI. *Cadernos do cárcere.* Op. cit., § 24 [72], "História dos intelectuais".

144. Ibid., vol. 3, Cad. 13, § 6; cad. 15, § 4.

superada[145]. Essa esperança está vinculada a toda a filosofia da história marxista, que idealiza o comunismo como uma síntese e superação de todas as contradições humanas, inclusive aquela entre governantes e governados. Nesse aspecto, a Teoria Marxiana e Marxista sofreu uma influência profunda do anarquismo.

Mas, do ponto de vista do processo histórico real, o marxismo foi um movimento político que realizou na prática a Teoria Elitista. Ao final, o que são o vanguardismo leninista e a Teoria do "Partido de Quadros e de Massa" como sujeito coletivo proposto por Togliatti, senão uma versão "de esquerda" da Teoria das Elites?[146]

Ao contrário de Gramsci, Bobbio propõe uma leitura menos "ideológica" e mais "científica" da Teoria "Democrática" das Elites, já presente *in*

---

145. Carlos Nelson Coutinho comenta: "Esta posição historicista não deixa nenhuma dúvida sobre o fato de que Gramsci se afasta da "ciência política" do seu tempo – por exemplo, daquela formulada por Gaetano Mosca – com a mesma radicalidade com que Marx se afastava da economia política de Smith e Ricardo" (COUTINHO, C.N. *De Rousseau a Gramsci* – Ensaios de teoria política. São Paulo: Boitempo, 2011, p. 114.

146. Coutinho não concorda com a tese de que "a teoria política gramsciana seria uma crítica construtiva ou um desenvolvimento crítico da teoria de Mosca", tese defendida por Maurice A. Finocchiaro. Gramsci e Gaetano Mosca em GIACOMINI, R.; LOSURDO, D. & MARTELLI, M. (orgs.). *Gramsci e l'Italia*. Nápoles: Città del Sole, 1994, p. 114 e 120.

nuce, senão em Pareto, no primeiro Michels e sobretudo na doutrina da classe política de Gaetano Mosca:

> Mosca abrira o caminho para uma interpretação não ideologicamente restrita pela teoria, distinguindo, num capítulo acrescentado à segunda edição [do livro sobre a *classe política*], dois modos diferentes de formação das classes políticas, segundo se o poder se transmite por herança, de onde provêm os regimes aristocráticos, ou buscando continuamente realimentar-se nas classes inferiores, de onde nascem os regimes democráticos[147].

Bobbio interpreta essa vertente democrática do elitismo "não tanto como a negação de existência de regimes democráticos, mas como uma redefinição que terminou por tornar-se preponderante na hodierna ciência política da democracia", ou seja, uma visão realista da "democracia como ela é", e não idealista de "como ela deveria ser". Ele cita como representante dessa visão o economista austríaco Joseph Schumpeter, que nos anos 40 do século passado elaborou uma síntese entre a Teoria Democrática e a Teoria das Elites, que influenciou o elitismo democrático de Bobbio. Assim, segundo Portinaro:

---

147. BOBBIO, N. *Dicionário de Política*. Op. cit., p. 387.

> À primeira vista, a sua [de Bobbio] contra-
> posição entre democracia ideal e democra-
> cia real, ou, como ele gostava de dizer, en-
> tre "os ideais" e a "rude matéria", o coloca
> próximo de Schumpeter que, em *Capita-
> lismo, socialismo e democracia,* elaborou
> sua teoria realista do método democrático
> em oposição às idealizações da "teoria
> clássica"[148].

Schumpeter parte da crítica do que ele chama de Teoria Clássica da Democracia" – mais próxima da democracia plebiscitária à la Rousseau do que da democracia representativa moderna[149] –, que se fundamenta, segundo ele, em alguns conceitos equivocados, tais como "bem comum", "vontade do povo", *volonté génerale* e o próprio conceito de "povo" como sujeito unitário portador dessa vonta-de coletiva: "para diferentes indivíduos e grupos, o bem comum provavelmente significará coisas mui-to diversas"[150]. E acrescenta com ironia: "Desva-nece-se no ar o conceito da vontade do povo ou da *volonté génerale,* adotado pelos utilitaristas, pois esse conceito pressupõe um bem inequivocamente

---

148. PORTINARO, P.P. *Introduzione a Bobbio.* Op. cit., p. 75.

149. SCHUMPETER, J. *Capitalismo, socialismo e democracia.* Rio de Janeiro: Fundo de Cultura, 1961, p. 300 [Trad. de Ruy Jungmann].

150. Ibid., p. 301.

determinado e compreendido por todos"[151]. E, lançando um olhar realista sobre a política, Schumpeter propõe uma "adaptação democrática" da Teoria das Elites: a democracia seria a luta ou competição entre elites pela liderança política.

A democracia, para Schumpeter, é a melhor forma de governo, não porque "governo do povo", uma vez que "o povo" não existe como um sujeito único, nem tem competência para governar, sobretudo nas complexas sociedades modernas de capitalismo avançado, mas porque proporciona um recrutamento mais amplo das elites, inclusive entre as classes populares tradicionalmente excluídas do poder, por meio do método de competição das elites pela disputa do consenso popular[152].

Bobbio foi influenciado pela Teoria "democrática" das Elites, tanto por meio dos elitistas italianos quanto por Kelsen e Schumpeter. Comentando a doutrina de Schumpeter, Bobbio a cita com aprovação:

> Mas desde que parti de uma definição predominantemente procedimental da democracia, não se pode esquecer que um dos impulsionadores dessa interpretação [elitista], Joseph Schumpeter, **acertou em cheio** quando sustentou que a característica de

---

151. Ibid., p. 302.

152. Ibid., p. 339.

um governo democrático não é a ausência de elites, mas a presença de muitas elites em concorrência entre si para a conquista do voto popular[153].

Ele cita ainda um "elitista italiano" que diferencia os regimes democráticos dos autocráticos pela existência, respectivamente, de "elites que se propõem" (elitismo democrático) e de elites que "se impõem" (elitismo autocrático)[154]. Por isso, segundo Portinaro, a concepção de democracia em Bobbio deve muito às doutrinas democráticas de tipo elitista:

> Na história das doutrinas políticas do século XX, Bobbio está destinado principalmente a consolidar-se pela contribuição dada ao refinamento da teoria processual da democracia, ou seja, daquela teoria que tem seus máximos expoentes em Kelsen e Schumpeter. É, principalmente, uma concepção que faz parte da grande família das teorias empíricas da democracia competitiva: seu realismo, em especial modo, coloca-o entre os elitistas democráticos[155].

---

153. BOBBIO, N. *O futuro da democracia*. Op. cit., p. 27 [grifos meus].

154. BOBBIO, N. *Estudo sobre a Ciência Política*. Op. cit., p. 280. O elitista italiano é Filippo Burzio (1891-1948).

155. PORTINARO, P.P. *Introduzione*. Op. cit., p. 74-75.

Bobbio defende uma concepção de democracia que poderia ser definida como "mista", porque comporta a presença das três principais formas democráticas, e que pode ser vista como uma mediação da dicotomia entre realismo e idealismo. A forma mista se contrapõe à procura de uma forma "pura" de democracia que não existe e não pode existir, evitando utopias que podem se transformar em pesadelos ou em frustrações permanentes.

Outra característica fundamental da democracia para Bobbio é a valorização da competição política e do conflito social, não somente porque é neles que se forjam as elites políticas, mas também porque se reivindicam os direitos e se criam as condições e garantias para a luta contra a opressão. O conflito é, de certa forma, benéfico e indispensável (como já haviam visto, agudamente, Maquiavel e Marx, e enfatizado Claude Lefort[156]); porém a característica que diferencia a democracia de outros regimes é que tal conflito é resolvido de forma não violenta, por meio das instituições, de procedimentos estabelecidos convencionalmente (democracia procedimental) nos quais, citando Popper, "os cidadãos podem livrar-se dos seus governantes sem derra-

---

156. LEFORT, C. *A invenção democrática*: os limites da dominação totalitária. São Paulo: Brasiliense, 1983. Cf. tb. OLIVEIRA, L. *O enigma da democracia* – O pensamento de Claude Lefort. Piracicaba: Jacintha, 2010.

mamento de sangue" e "o adversário não é mais um inimigo (que deve ser destruído), mas um opositor que amanhã poderá ocupar o nosso lugar"[157].

A democracia para Bobbio possui, assim, duas conotações: é procedimental, respeito das "regras do jogo", mas também ética, pressupõe a defesa de um conjunto de valores ético-políticos que lhe dão legitimidade, dentre eles, os direitos humanos, como veremos na próxima lição[158].

---

157. Apud BOBBIO, N. *O futuro da democracia*. Op. cit., p. 39.

158. Cf. BRANDÃO, A. "As duas concepções de democracia em Bobbio: a ética e a procedimental". In: TOSI, G. (org.). *Norberto Bobbio*. Op. cit., p. 139-196.

NONA LIÇÃO

Os direitos humanos

> *Não se poderia explicar a contradição entre a literatura que faz a apologia da era dos direitos e aquela que denuncia a massa dos "sem-direitos" se não se entende que os direitos de que fala a primeira são somente os proclamados nas instituições internacionais e nos congressos, enquanto os direitos de que fala a segunda são aqueles que a esmagadora maioria da humanidade não possui de fato*[159].

Um dos paradoxos assinalados por Ruiz Miguel é que Bobbio seria "um analítico historicista e um historiador conceitualista". Com efeito, Bobbio é um analítico que dialoga com a história, uma história conceitual, das ideias e das ideologias, e não uma história social, dos fatos ou acontecimentos, ou seja, ele se ocupa de uma história que se aproxima do método da *history of ideas* anglo-saxônicas e da *Begriffsgeschichte* alemã.

---

159. BOBBIO, N. *A era dos direitos*. Op. cit., p. 11.

Bobbio não é um historiador, embora conheça a história moderna e contemporânea, sobretudo a europeia. Com efeito, sua história conceitual está relacionada com o contexto histórico e social de onde as ideias emergem, que elas influenciam e da qual são influenciadas, sem com isto seguir (senão de forma genérica) o materialismo histórico (e menos ainda o materialismo dialético). Vejamos agora como Bobbio utiliza esse método histórico para abordar os direitos humanos[160].

As teses gerais de Bobbio sobre os direitos humanos são: i) que eles não são direitos naturais, mas históricos; ii) portanto não existem "desde sempre"[161], mas nascem na era moderna com a concepção individualista da sociedade e como expressão do conflito social; iii) e que podem ser considerados um dos principais indicadores do "progresso moral" da humanidade, retomando uma famosa expressão de Kant. Essas teses se desdobram em torno de alguns temas: o fundamento, as gerações de direitos e a relevância histórica dos direitos humanos, que abordaremos a seguir.

160. A reflexão de Bobbio sobre os direitos humanos perpassa toda a sua obra e abrange um longo arco de tempo, que vai desde 1951 até 1990.

161. Acatando esta lição bobbiana, afirmo sempre para os meus alunos dos cursos de Direitos Humanos: "Por favor, não me venham com o Código de Hamurábi!"

Em um ensaio muito citado de sua obra *A era dos direitos,* intitulado *Sobre o fundamento dos direitos do homem,* Bobbio defende que não é possível nem desejável um fundamento "absoluto" dos direitos humanos, por quatro motivos: i) porque "direitos do homem" é uma expressão muito vaga; ii) porque constituem uma classe variável, como a história destes últimos séculos demonstra suficientemente; iii) porque a classe dos direitos humanos é também heterogênea; iv) e não somente heterogênea, mas também contraditória, no sentido de que pode haver um contraste entre um ou mais direitos fundamentais de uma categoria de pessoas e um ou mais direitos igualmente fundamentais de outra categoria[162]. Por isso, observa Bobbio:

> Não se trata de encontrar o fundamento absoluto – empreendimento sublime, porém desesperado –, mas de buscar, em cada caso concreto, os vários fundamentos possíveis. Mas também essa busca dos fundamentos possíveis – empreendimento legítimo e não destinado, como o outro, ao fracasso – não terá nenhuma importância histórica se não for acompanhada pelo estudo das condições, dos meios e das

_____

162. Cf. BACCELLI, L. "Norberto Bobbio: a era dos direitos sem fundamento". In: TOSI. G. (org.) *Norberto Bobbio*: democracia, direitos humanos, guerra e paz. Op. cit. Vol. II, p. 105-138.

> situações nas quais este ou aquele direito pode ser realizado[163].

E conclui: "O problema fundamental em relação aos direitos do homem, hoje, não é tanto o de *justificá-los,* mas o de *protegê-los.* Trata-se de um problema não filosófico, mas político"[164]. Esta frase, muitas vezes repetida e nem sempre de forma correta, não significa que se deve renunciar a uma investigação filosófica dos fundamentos, que é parte do esforço teórico de justificação dos direitos humanos (ao qual também Bobbio se dedica), mas somente à ilusão do fundamento absoluto, aliás uma pretensão muito rara na filosofia contemporânea.

Essa tese faz parte da crítica de Bobbio ao jusnaturalismo, ou, pelo menos, àquele jusnaturalismo que quer encontrar um princípio "evidente e necessário" demonstrado de maneira apodítica, (*more geometrico,* diria Espinosa). Bobbio opta por uma concepção historicista dos direitos humanos devido à sua variabilidade e mutabilidade, já que dependem dos diferentes contextos e épocas e propõe o fundamento baseado no consenso:

> Há três modos de fundar os valores: deduzi-los de um dado objetivo constante, como, por exemplo, a natureza humana;

---

163. BOBBIO, N. *A era dos direitos.* Op. cit., p. 6.

164. Ibid., p. 15.

considerá-los como verdades evidentes em si mesmas; e, finalmente, a descoberta de que, num determinado período histórico, eles são geralmente aceitos (precisamente a prova do consenso)[165].

O primeiro modo, típico do jusnaturalismo antigo, não é aceitável, porque "a natureza humana foi interpretada dos mais diferentes modos e o apelo à natureza serviu para justificar sistemas de valores até mesmo diversos entre si". O segundo modo, típico do jusnaturalismo moderno (basta pensar no Preâmbulo à Declaração de Independência dos Estados Unidos da América)[166] recebe a mesma crítica, porque os que eram princípios evidentes num determinado momento histórico, hoje não são mais nem evidentes, nem consensuais:

Direitos que foram declarados absolutos no final do século XVIII, como a propriedade *sacre et inviolable,* foram submetidos a radicais limitações nas declarações contemporâneas; direitos que as declarações do século XVIII nem sequer mencionavam, como os direitos sociais, são agora proclamados com grande ostenta-

---

165. Ibid., p. 16.

166. "Consideramos estas verdades por si mesmas evidentes, que todos os homens são criados iguais, sendo-lhes conferidos pelo seu Criador certos direitos inalienáveis, entre os quais se contam a vida, a liberdade e a busca da felicidade".

ção nas recentes declarações. Não é difícil prever que, no futuro, poderão emergir novas pretensões que no momento nem sequer podemos imaginar, como o direito de respeitar a vida também dos animais e não só dos homens. O que prova que não existem direitos fundamentais por natureza. O que parece fundamental numa época histórica e numa determinada civilização não é fundamental em outras épocas e em outras culturas[167].

Após a crise dos fundamentos, não é mais possível recorrer a Deus ou à natureza para justificar nossas convicções morais, e nos resta somente o argumento do consenso, do contrato ou do pacto social que expressa as vontades coletivas. Ao optar pela proposta de uma fundamentação consensual, Bobbio assume uma postura **historicista** porque nega o caráter "natural", ou seja, imutável dos direitos humanos, afirmando que eles evoluem e mudam com o tempo, e **juspositivista**, porque afirma que a Declaração Universal de 1948, pela primeira vez na história da humanidade, tornou esse consenso moral um consenso também jurídico e político:

A Declaração Universal dos Direitos Humanos pode ser acolhida como a maior prova histórica até hoje dada do *consensus omnium gentium* sobre um determina-

---

167. BOBBIO, N. *A era dos direitos*. Op. cit., p. 12.

do sistema de valores. [...] Com essa Declaração, um sistema de valores é – pela primeira vez na história – universal não em princípio, mas *de fato,* na medida em que o consenso sobre sua validade e sua capacidade para reger os destinos da comunidade futura de todos os homens foi explicitamente declarado[168].

Estse consenso é fruto, para Bobbio, de um processo histórico de afirmação dos direitos humanos que começa na Modernidade e que procede por **"gerações de direitos"**, tema que não foi idealizado por Bobbio, mas que ele certamente contribuiu para difundir, não sem receber críticas.

A Teoria das Gerações de Direitos se insere em um dos esquemas gerais de leitura da história das ideias – que, às vezes, se parece com uma filosofia da história –, que Bobbio ama construir, e se funda na tese da confluência das três principais correntes de pensamento ocidental na Declaração Universal dos Direitos Humanos.

Escrevendo a respeito da inversão operada pela Modernidade na relação entre indivíduos e Estado, direitos e deveres, Bobbio afirma que:

é um sinal dos tempos que, para tornar cada vez mais e irreversível esta inversão, se conjuguem até encontrar-se, sem se contradizerem, as três grandes corren-

---

168. Ibid., p. 17.

tes do pensamento político moderno: o liberalismo, o socialismo e o cristianismo social. As três convergem, mas conservam suas identidades, já que, ao dar preferências a certos direitos acima de outros, dão origem a um sistema crescentemente complexo de direitos fundamentais, cuja integração prática muitas vezes se torna difícil precisamente por suas distintas fontes de inspiração doutrinárias[169].

Os direitos civis e políticos ou de liberdade são os primeiros, surgem nos séculos XVII/XVIII no período de ascensão da burguesia contra o Estado absolutista: "A liberdade religiosa é um efeito das guerras de religião; as liberdades civis, da luta dos parlamentos contra os soberanos absolutos"[170].

Os direitos sociais surgem no século XIX, após as revoluções burguesas, na época da Revolução Industrial, impulsionados pelo proletariado e pelos movimentos socialistas:

A liberdade política, e as liberdades sociais, [surgem] do nascimento, crescimento e amadurecimento do movimento dos trabalhadores assalariados, dos camponeses com pouca ou nenhuma terra, dos pobres que exigem dos poderes públicos não só o reconhecimento da liberdade pessoal e das liberdades negativas, mas também a

---

169. BOBBIO, N. *O filósofo e a política.* Op. cit., p. 201.

170. BOBBIO, N. *A era dos direitos.* Op. cit., p. 8.

proteção do trabalho contra o desempre-go, os primeiros rudimentos de instrução contra o analfabetismo, depois a assistên-cia para a invalidez e a velhice, todos eles carecimentos que os ricos proprietários podiam satisfazer por si mesmos[171].

E os direitos de terceira (e quarta!) geração são mais recentes e dizem respeito à internacionaliza-ção dos direitos humanos dos séculos XX e XXI:

Ao lado dos direitos sociais, que foram chamados de direitos de segunda geração, emergiram hoje os chamados direitos de terceira geração, que constituem uma cate-goria, para dizer a verdade, ainda excessi-vamente heterogênea e vaga, o que nos im-pede de compreender do que efetivamente se trata. O mais importante deles é o rei-vindicado pelos movimentos ecológicos: o direito de viver num ambiente não poluído. Mas já se apresentam novas exigências que só poderiam chamar-se de direitos de quar-ta geração, referentes aos efeitos cada vez mais traumáticos da pesquisa biológica, que permitirá manipulações do patrimônio genético de cada indivíduo[172].

A afirmação histórica dos direitos humanos, aqui sumariamente delineada, possui dois aspectos rele-vantes.

---

171. Ibid.

172. Ibid.

O primeiro é o que Bobbio chama de "Revolução Copernicana": "Nessa inversão da relação entre indivíduo e Estado também se inverte a relação tradicional entre direito e dever. Para os indivíduos, de agora em diante, vêm antes os direitos e depois os deveres; para o Estado, os deveres antes dos direitos"[173]. Isso acontece porque a concepção individualista suplanta a concepção organicista da sociedade e a relação governantes e governados não é mais vista *ex parte principis*, mas *ex parte populi*[174].

O outro aspecto é o que Bobbio chama de "resistência à opressão", ou seja, o direito dos cidadãos de não serem oprimidos e de resistirem quando as suas liberdades forem ameaçadas. Nesse sentido, os direitos humanos são expressão de processos de emancipação através das lutas e reivindicações dos movimentos e conflitos sociais[175]; e nisso se encontre talvez a sua permanente atualidade.

A Teoria das Gerações de Direitos de Bobbio foi criticada tanto do ponto de vista histórico/descritivo como axiológico/prescritivo, como veremos na lição a seguir.

---

173. Ibid., p. 30.

174. Ibid., p. 61-67 (A resistência à opressão hoje).

175. Cf. BACCELLI, L. *Norberto Bobbio* – A era dos direitos sem fundamento. Op. cit., p. 107.

DÉCIMA LIÇÃO

A proliferação dos direitos

> *Do ponto de vista da filosofia da história, o atual debate sobre os direitos do homem – cada vez mais amplo, cada vez mais intenso, tão amplo que agora envolveu todos os povos da Terra, tão intenso que foi posto na ordem do dia pelas mais autorizadas assembleias internacionais – pode ser interpretado como um "sinal premonitório"* (signum prognosticum) *do progresso moral da humanidade*[176].

A reconstrução histórica das gerações de direitos foi tachada de ser excessivamente linear e esquemática, como se os momentos sucessivos implicassem um progresso contínuo. No entanto, sabemos (e Bobbio também é consciente disso) que o processo de afirmação histórica dos direitos humanos foi muito contraditório, com avanços, mas também retrocessos espantosos, como os que aconteceram

---

176. BOBBIO, N. *A era dos direitos. Op. cit.*, p. 27.

entre as duas guerras mundiais, que espalharam por toda parte do mundo os horrores dos totalitarismos.

Mas a crítica mais dura à doutrina das gerações de direito foi feita do ponto de vista axiológico por um dos maiores juristas brasileiros, Cançado Trindade, que afirmou de forma peremptória tratar-se de uma "indemonstrável fantasia".

> Nunca é demais ressaltar a importância de uma visão *integral* dos direitos humanos. As tentativas de categorização de direitos, os projetos que tentaram – e ainda tentam – privilegiar certos direitos a expensas dos demais, a indemonstrável fantasia das "gerações de direitos", têm prestado um desserviço à causa da proteção internacional dos direitos humanos. Indivisíveis são todos os direitos humanos, tomados em conjunto, como indivisível é o próprio ser humano, titular desses direitos[177].

Nessa perspectiva, mais do que falar em "gerações" de direitos, seria melhor afirmar a interconexão, a indivisibilidade e a indissociabilidade de todas as **dimensões** dos direitos, solenemente proclamadas pela Segunda Conferência das Nações Unidas sobre Direitos Humanos realizada em Viena em 1993.

---

177. TRINDADE, A.A.C. *A proteção internacional dos Direitos Humanos e o Brasil*. Brasília: UnB, 1998, p. 120.

No entanto, acredito que a doutrina das gerações de direitos possa ser defendida tanto do ponto de vista histórico como axiológico. As gerações de direitos, como diz a própria expressão, são ordenadas cronologicamente pelos simples motivos de que elas se sucedem no tempo (embora nem sempre de forma linear), mas não axiologicamente no sentido de que algumas são mais importantes dos que as outras.

Por outro lado, a proclamação da indissolubilidade das dimensões dos direitos não significa a afirmação de que eles sejam aplicados ou respeitados do mesmo modo, nem que possuam o mesmo *status* jurídico. Por exemplo, sem entrar aqui no tema da "justiciabilidade dos direitos sociais", parece difícil negar que estes últimos não gozam do mesmo *status* jurídico dos direitos civis e políticos, e esse fato se deve à presença do mercado capitalista responsável, em última instância, pelas relações econômicas, onde a intervenção estatal encontra seus limites.

Por isso, Bobbio afirma que, propriamente falando, nem todos os chamados "direitos" são tais, porque nem todos os direitos são positivados: há uma distinção entre direitos "naturais" e direitos "positivos", entre direitos "do homem" e "do cidadão", ou entre *"moral rights"* e *"legal rights"* como preferem os autores de língua inglesa. Os direitos não possuem o mesmo *status* jurídico e político, porque nem todos podem ser exigidos diante de uma autoridade com força e capacidade para fazê-los respeitar, e sem "força" não há propriamente direito, mas apenas aspirações ideais ou exigências morais.

> Quero dizer que, nestes últimos anos, falou-se e continua a se falar de direitos do homem, entre eruditos, filósofos, juristas, sociólogos e políticos, muito mais do que se conseguiu fazer até agora para que eles sejam reconhecidos e protegidos efetivamente, ou seja, para transformar **aspirações** (nobres, mas vagas), **exigências** (justas, mas débeis), em **direitos** propriamente ditos (i. é, no sentido em que os juristas falam de "direito")[178].

Segundo Bobbio, essa distinção nem sempre é feita, de modo que aspirações e exigências morais são afirmadas como se fossem direitos, o que gera uma multiplicação ou proliferação da demanda por direitos[179].

> Essa multiplicação (ia dizendo "proliferação") ocorreu de três modos: a) porque aumentou a quantidade de bens conside-

---

178. BOBBIO, N. *A era dos direitos*. Op. cit., p. 32.

179. Já Michel Villey havia ironicamente criticado a "proliferação dos direitos do homem", como uma manifestação da "*decomposição do conceito de direito*" no seu panfleto antimoderno intitulado *O direito e os direitos do homem*. São Paulo: Martins Fontes, 2007.

rados merecedores de tutela; b) porque foi estendida a titularidade de alguns direitos típicos a sujeitos diversos do homem; c) porque o próprio homem não é mais considerado como ente genérico, ou homem em abstrato, mas é visto na especificidade ou na concreticidade de suas diversas maneiras de ser em sociedade, como criança, velho, doente etc. Em substância: mais bens, mais sujeitos, mais *status* do indivíduo[180].

Isso pode provocar uma grande frustração prática, pela impossibilidade de tornar efetiva a longa e crescente lista de direitos, e uma insuficiência teórica, porque a inflação do conceito de direitos faz com que ele adquira uma amplidão imensa, mas perca a sua capacidade de explicação, aumente em extensão, mas perca em intensidade.

É supérfluo acrescentar que o reconhecimento dos direitos sociais suscita, além do problema da proliferação dos direitos do homem, problemas bem mais difíceis de resolver. [...] Enquanto os direitos de liberdade nascem contra o superpoder do Estado – e, portanto, com o objetivo de limitar o poder –, os direitos sociais exigem, para sua realização prática, ou seja, para a passagem da declaração puramente verbal à sua proteção efetiva, precisamen-

---

180. BOBBIO, N. *A era dos direitos.* Op. cit., p. 32.

te o contrário, isto é, a ampliação dos poderes do Estado[181].

O Brasil, que só recentemente está começando a construir um estado social, é um exemplo: as dezenas de conferências de direitos geram uma enorme pauta de reivindicações de todos os setores sociais envolvidos, que evidentemente não podem ser efetivadas. Trata-se do fenômeno que o Professor Tércio Ferraz Júnior define como "banalização ou trivialização" dos direitos humanos:

> Mas a banalização mais terrível é aquela que se dá ao nível da ação, aquela que, ao afirmar direitos humanos, conserva-os na sua intocabilidade e supremacia na exata medida em que os destitui na prática. Essa banalização prática, mais do que qualquer outra, trivializa os direitos fundamentais da pessoa humana[182].

Um dos paradoxos centrais dos direitos humanos na contemporaneidade reside justamente no contraste entre o movimento de universalização, multiplicação e especificação crescente das solenes declarações e o aumento generalizado das violações e do desrespeito aos mesmos. O Brasil é, infelizmente, ainda um claro exemplo disso.

---

181. Ibid., p. 34.

182. FERRAZ JR., T. "A trivialização dos direitos humanos". *Novos Estudos Cebrap*, out./1990, p. 110.

Apesar dessas críticas à proliferação dos direitos humanos e da amarga constatação das constantes violações às supremas declarações, Bobbio não perde a esperança nos direitos humanos. Aliás, em um arroubo de otimismo, ele os considera como sinais de um possível "progresso moral" da humanidade, parafraseando o Kant da *Paz Perpétua* e do ensaio "*Se o gênero humano está em constante progresso para o melhor*"[183].

Assim como a Revolução Francesa suscitou em Kant o entusiasmo pelo "direito que tem um povo de não ser impedido, por outras forças, de dar a si mesmo uma Constituição civil que julga boa", ou seja, uma Constituição segundo a qual "os que obedecem à lei devem também, reunidos, legislar, fato que Kant interpretou como *signum prognosticum et rememorativum* da disposição moral da humanidade", Bobbio considera que a Declaração Universal dos Direitos Humanos de 1948 e o movimento sempre crescente de difusão dos direitos humanos pode ser este sinal para a contemporaneidade.

A história é ambígua, afirma Bobbio, para quem se põe o problema de atribuir-lhe um sentido, mas:

> Diante da ambiguidade da história, também eu creio que um dos poucos, talvez o único, sinal de um confiável movimento histórico para o melhor seja o crescente interesse dos eruditos e das próprias instân-

---

183. BOBBIO, N. *A era dos direitos*. Op. cit., p. 27.

cias internacionais por um reconhecimento cada vez maior, e por uma garantia cada vez mais segura, dos direitos do homem[184].

Ele conclui com uma declaração de confiança na "história profética", a única filosofia da história que considera possível, porque não determinista como a de Hegel, mas possibilista como a de Kant.

> Um sinal premonitório não é ainda uma prova. E apenas um motivo para que não permaneçamos espectadores passivos e para que não encorajemos, com nossa passividade, os que dizem que "o mundo vai ser sempre como foi até hoje"; estes últimos – e torno a repetir Kant – "contribuem para fazer com que sua previsão se realize", ou seja, para que o mundo permaneça assim como sempre foi. Que não triunfem os inertes![185]

Assim, embora Bobbio se apresente como pessimista[186], essa atitude não lhe impede de agir e de apostar na possibilidade do "progresso para o melhor" da humanidade, seguindo e atualizando a lição kantiana, o que faz Ruiz Miguel definir Bobbio como um "iluminista-pessimista".

---

184. Ibid., p. 59.

185. Ibid.

186. BOBBIO, N. *O tempo da memória*. Op. cit., p. 152-153. Nesse ensaio Bobbio distingue entre "pessimismo cósmico, histórico e existencial".

Conclusão

Após este breve percurso pela obra de Bobbio, podemos nos perguntar qual é a lição ou o legado que Bobbio deixou e que justificam a sua leitura hoje, em um contexto geopolítico e histórico tão diferente daquele em que ele viveu.

À esquerda ensinou que a igualdade não pode ser praticada à custa das liberdades individuais e que a democracia não é meramente um expediente tático, mas um valor estratégico e universal. Zapatero, que citamos no início deste trabalho, ao tratar da influência de Bobbio sobre a esquerda espanhola, escreve:

> A sua obra contribuiu para romper uma identificação, geralmente aceita, entre o socialismo e o marxismo, deslegitimou as concepções leninistas, obrigou a repensar e matizar as abordagens da esquerda marxista; ajudou-nos a compreender melhor e a defender a democracia representativa e enriqueceu o arsenal de argumentos do socialismo democrático; um socialismo que faz da igualdade a estrela polar, porém que não está disposto a renunciar à

estrela da liberdade. [...] Foi, por isso, o companheiro de viagem que precisavam nossas jovens democracias[187].

Na América Latina, em especial no Brasil, aconteceu algo parecido com a Espanha, como testemunha o depoimento de um dos líderes mais representativos da esquerda brasileira, Paulo de Tarso Vannuchi[188], na comunicação que fez em João Pessoa, na mesa de abertura do V Seminário Internacional de Direitos Humanos da Universidade Federal da Paraíba em 2009[189], que comemorava o centenário de nascimento de Bobbio, significativamente intitulada *Grazie Bobbio*[190].

Vannuchi lembra que escutou falar de Bobbio, pela primeira vez, nas prisões da ditadura no começo dos anos de 1970 e que, após a sua libertação, escolheu estudar o pensamento político de Bobbio, no mestrado em Ciência Política:

---

187. ZAPATERO, apud ANSUÁTEGUI. *Norberto Bobbio*. Op. cit., p. 225-226.

188. Naquela época Paulo Vannuchi era ministro da Secretaria Especial de Direitos Humanos da Presidência da República do Governo Lula.

189. O tema do seminário era: *Norberto Bobbio, democracia, direitos humanos e relações internacionais.*

190. VANNUCHI, P.T. "Grazie, Bobbio". In: TOSI, G. (org.). *Norberto Bobbio*: democracia, direitos humanos, guerra e paz. Op. cit., p. 21-33. Alusão ao mesmo título que apareceu no jornal *l'Unità*, ao anunciar o falecimento de Bobbio em 2004.

Comecei a buscar paradigmas analíticos e encontrei Bobbio. Porque Bobbio, de fato, faz uma anteposição ao marxismo, que é dura, interpelativa, rigorosa, mas consistente e leal. [...] Ao final desse estudo de mestrado cheguei à compreensão de que essa anteposição brutal, que atravessou os séculos XIX e XX, entre liberalismo, com todos os seus fundamentos, e socialismo, com todos os seus fundamentos, tinha que ser inteiramente repensada no final do século XX, início do XXI[191].

E comenta: "Meu mestrado buscou acompanhar a tensão, ao longo da história, entre democracia e socialismo. É esse o paradoxo número um formulado por Bobbio: as democracias não evoluíram em direção ao socialismo e o socialismo não se mostrou capaz de construir um sistema democrático"[192].

Aos liberais, Bobbio ensinou a necessidade de que o liberalismo político incluísse também os direitos de igualdade e não se limitasse a um liberalismo econômico. Em especial, para os liberais latino-americanos, a lição de Bobbio é que o liberalismo deve manter um compromisso com as li-

---

191. VANNUCHI, P.T. "Grazie Bobbio". In: TOSI, G. *Norberto Bobbio*. Op. cit. Vol. 1, p. 25-26.

192. Ibid.

berdades civis e políticas que não pode ser negligenciado. Com efeito, historicamente os liberais da América Latina estiveram, na sua grande maioria, mais preocupados com a liberdade de mercado do que com as liberdades civis e as desigualdades econômicas e sociais. Ademais, muitos deles conviveram sem problemas com os regimes autoritários, inclusive incentivando e participando dos golpes civis-militares que ensanguentaram vários países latino-americanos dos anos de 1960 aos de 1980.

A lição de Bobbio serviu, portanto, para difundir em solo latino-americano uma versão do liberalismo político comprometida com as liberdades civis e políticas e também com a superação das desigualdades sociais, bem como a manutenção da democracia com todos os seus conflitos e aporias, evitando, assim, a tentação de retrocessos institucionais e o recurso aos atalhos autoritários. A lição de Bobbio é também atual no contexto político brasileiro e aparece como um antídoto contra o anticomunismo visceral e ideológico ainda tão arraigado na cultura latino-americana, mesmo depois do fim da Guerra Fria[193].

---

193. Bobbio exerceu esta influência "indiretamente", porque nunca abordou abertamente a discussão do apoio dos liberais latino-americanos aos regimes autoritários, fato que "intrigou" Paulo Vannuchi na sua comunicação no já referido seminário. Cf. ibid., p. 28.

Como afirma Celso Lafer, um dos maiores expoentes do liberalismo brasileiro, ao comentar a concepção liberal de Bobbio:

> O público no Brasil para a obra de Bobbio, [...] em função da sua identidade política de "socialista liberal", e precisamente por conta do seu papel de intelectual mediador, incorporou i) a esquerda intelectual não dogmática e de vocação democrática, que considerou fecunda a discussão de Bobbio a respeito das limitações da Teoria Marxista do Estado e do Direito para a construção de democracia no Brasil; e ii) os liberais que, atentos à escala das desigualdades existentes no país e ao desafio que isso representava e representa para o futuro brasileiro, encontraram no liberalismo socialista de Bobbio uma fonte de inspiração[194].

Tendo que colocar um ponto-final nesse nosso percurso, esperamos ter conseguido demonstrar o porquê da relevância e atualidade do pensamento de Bobbio, mesmo tendo abordado somente alguns temas de um pensamento muito mais complexo.

Esperamos também ter conseguido explicar por que o filósofo italiano é considerado um mestre e um clássico da filosofia do direito e da política con-

---

194. LAFER, C. "Prefácio". In: BOBBIO, N. *O tempo da memória*. Op. cit., p. XXIII.

temporâneas que, como todos os clássicos, merece ser lido e relido, interpretado e reinterpretado, aprovado e criticado, estudado e superado. Esse é, como dizia Italo Calvino, o motivo para ler os clássicos.

Referências

1 Obras de Norberto Bobbio publicadas no Brasil

BOBBIO, N. *O terceiro ausente*. São Paulo: Manole, 2009 [Org. de Pietro Polito; Prefácio de Celso Lafer; Trad. de Daniela Beccaccia Versiani].

_____. *Direito e poder.* São Paulo: Unesp, 2008 [Trad. de Nilson Moulin].

_____. *Do fascismo à democracia*: os regimes, as ideologias, os personagens e as culturas políticas. Rio de Janeiro: Elsevier, 2007 [Org. de Michelangelo Bovero; Trad. de Daniela Versiani].

_____. *Teoria Geral do Direito*. São Paulo: Martins Fontes, 2007 [Trad. de Denise Agostinetti].

_____. *Da estrutura à função* – Novos estudos de Teoria do Direito. São Paulo: Manole, 2006 [Trad. de Daniela Beccaccia Versiani].

_____. *Final da longa estrada*. Rio de Janeiro: Tempo Brasileiro, 2006 [Trad. de Léa Novaes].

_____. *Igualdade e liberdade*. Rio de Janeiro: Ediouro, 2006 [Trad. de Carlos Nelson Coutinho].

_____. *Nem com Marx, nem contra Marx*. São Paulo: Unesp, 2006 [Trad. de Marco Aurélio Nogueira].

_____. *A era dos direitos*. Nova ed. Rio de Janeiro: Elsevier, 2004 [Apr. de Celso Lafer; Trad. de Carlos Nelson Coutinho].

_____. "Quinze anos depois". *Revista USP*, n. 61, mar.-abr./2004, p. 228-231 [Trad. de Liliana Laganá e Ivan Neves Marques Júnior].

_____. *Thomas Hobbes*. Rio de Janeiro: Campus, 2004 [Trad. de Carlos Nelson Coutinho].

_____. *Estado, governo, sociedade* – Para uma teoria geral da política. 10. ed. São Paulo: Paz e Terra, 2003 [Trad. de Marco Aurélio Nogueira].

_____. *O filósofo e a política* – Antologia. Rio de Janeiro: Contraponto, 2003 [Org. de José Fernández Santillán; Trad. de César Benjamin e Vera Ribeiro].

_____. *O problema da guerra e as vias da paz*. São Paulo: Unesp, 2003 [Trad. de Álvaro Lacerda].

_____. *Teoria do Ordenamento Jurídico*. Brasília: UnB, 2003 [Trad. de Maria Celeste Cordeiro Leite dos Santos].

_____. *Elogio da serenidade e outros escritos morais*. São Paulo: Unesp, 2002 [Trad. de Marco Aurélio Nogueira].

_____. *Ensaio sobre a ciência política na Itália*. Brasília: UnB, 2002 [Trad. de Maria Celeste F. Faria Marcondes].

_____. *Ensaios sobre Gramsci e o conceito de sociedade civil*. 2. ed. São Paulo: Paz e Terra, 2002 [Trad. de Marco Aurélio Nogueira].

_____. *Direita e esquerda* – As razões e significados de uma distinção política. São Paulo: Unesp, 2001 [Trad. de Marco Aurélio Nogueira].

_____. *Entre duas repúblicas* – As origens da democracia italiana. Brasília: UnB, 2001 [Trad. de Mabel Malheiros Bellati].

_____. *Teoria da Norma Jurídica*. Bauru: Edipro, 2001 [Trad. de Ariani Bueno Sudatti e Fernando Pavan Baptista].

_____. *Liberalismo e democracia*. 6. ed. São Paulo: Brasiliense, 2000 [Trad. de Marco Aurélio Nogueira].

_____. *O futuro da democracia*. 9. ed. São Paulo: Paz e Terra, 2000 [Trad. de Marco Aurélio Nogueira].

_____. *Teoria Geral da Política* – A filosofia e as lições dos clássicos. Rio de Janeiro: Campus, 2000

[Org. de Michelangelo Bovero; Trad. de Daniela Beccaccia Versiani].

_____. *As ideologias e o poder em crise*. Brasília: UnB, 1999 [Trad. de João Ferreira].

_____. *Diário de um século* – Autobiografia. 2. ed. Rio de Janeiro: Campus, 1998 [Trad. de Daniela Beccaccia Versiani].

_____. A *Teoria das Formas de Governo*. 10. ed. Brasília: UnB, 1997 [Trad. de Sérgio Bath].

_____. *Locke e o Direito Natural*. 2. ed. Brasília: UnB, 1997 [Trad. de Renato de Assumpção Faria, Denis Fontes de Souza Pinto e Carmen Lidia Richter Ribeiro Moura].

_____. *Direito e Estado no pensamento de Emanuel Kant*. 4. ed. Brasília: UnB, 1997 [Trad. de Alfredo Fait].

_____. *Os intelectuais e o poder* – Dúvidas e opções dos homens de cultura na sociedade contemporânea. São Paulo: Unesp, 1997 [Trad. de Marco Aurélio Nogueira].

_____. *O tempo da memória* – *De senectute* e outros escritos autobiográficos. 6. ed. Rio de Janeiro: Campus, 1997 [Trad. de Daniela Beccaccia Versiani].

_____. *Estudos sobre Hegel* – Direito, sociedade civil, Estado. 2. ed. São Paulo: Brasiliense/Unesp,

1995 [Trad. de Luiz Sérgio Henriques e Carlos Nelson Coutinho].

_____. *O positivismo jurídico* – Lições de filosofia do direito. São Paulo: Ícone, 1995 [Trad. de Márcio Pugliese, Edson Bini e Carlos E. Rodrigues].

_____. *O conceito de sociedade civil*. Rio de Janeiro: Graal, 1994 [Trad. de Carlos Nelson Coutinho].

_____. *Três ensaios sobre a democracia*. São Paulo: Cardim & Alario, 1991 [Trad. de Sérgio Bath].

_____. *Qual socialismo?* – Discussão de uma alternativa. 2. ed. São Paulo: Paz e Terra, 1983 [Trad. de Iza de Salles Freaza].

BOBBIO, Norberto et al. *O marxismo e o Estado*. Rio de Janeiro: Graal, 1979 [Trad. de Frederico L. Boccardo e Renée Levie].

BOBBIO, N. & BOVERO, M. *Sociedade e Estado na filosofia política moderna*. São Paulo: Brasiliense, 1986 [Trad. de Carlos Nelson Coutinho].

BOBBIO, N.; MATTEUCCI, N. & PASQUINO, G. *Dicionário de Política*. 2 vols. Brasília: Unb, 1998 [Trad. de Carmen C. Varrialle, Gaetano Loiai Mônaco, João Ferreira, Luis Guerreiro Pinto Cacais e Renzo Dini].

BOBBIO, N. & VIROLI, M. *Direitos e deveres na república.* Rio de Janeiro: Campus, 2007.

_____. *Diálogo em torno da república* – Os grandes temas da política e da cidadania. Rio de Janeiro: Campus, 1998 [Trad. de Daniela Beccaccia Versiani].

2 Obras sobre Norberto Bobbio publicadas no Brasil

BITTAR, E.C.B. *Doutrinas e filosofias políticas* – Contribuições para a história das ideias políticas. São Paulo: Atlas, 2002.

CADEMARTORI, D.M.L. *Diálogo democrático* – Alain Touraine, Norberto Bobbio e Robert Dahl. Curitiba: Juruá, 2006.

CAMPOS, P.A. *O pensamento jurídico de Norberto Bobbio*. São Paulo: Saraiva, 1966.

CARDIM, C.H. (org.). *Bobbio no Brasil*: um retrato intelectual. Brasília/São Paulo: UnB/Imesp, 2001.

CENTRO DE ESTUDOS NORBERTO BOBBIO. *A importância da recepção do pensamento de Bobbio no Brasil e na América Espanhola*. São Paulo: Bovespa, 2005 [Seminário].

CORRÊA JR., A. *Comunidades europeias e seu ordenamento jurídico* – Uma aplicação da teoria de Norberto Bobbio. Curitiba: Juruá, 2009.

FILIPPI, A. & LAFER, C. *A presença de Bobbio –* América Espanhola, Brasil, Península Ibérica. São Paulo: Unesp, 2004.

LAFER, C. *Norberto Bobbio*: trajetória e obra. São Paulo: Perspectiva, 2013.

MELLO, S.C. *Norberto Bobbio e o debate político contemporâneo.* São Paulo: Annablume, 2003.

NAPOLI, R.B. & GALLINA, A.L. (orgs.). *Norberto Bobbio*: direito, ética e política. Ijuí: Unijuí, 2005.

OLIVEIRA JR., J.A. *Bobbio e a filosofia dos juristas*. Porto Alegre: Safe, 1994.

PASOLD, C.L. *Ensaio sobre a ética de Norberto Bobbio.* São Paulo: Conceito, 2008.

SALGADO, G.M. *Sanção na Teoria do Direito de Norberto Bobbio.* Curitiba: Juruá, 2010.

TOSI, G. (org.). *Norberto Bobbio*: democracia, direitos humanos, guerra e paz. João Pessoa: UFPB, 2013, vols. 1 e 2.

TOSI, G. (org.). *Norberto Bobbio*: democracia, direitos humanos e relações internacionais. João Pessoa: UFPB, 2013, vols. 1 e 2 [E-book disponível em http://www.insite.pro.br/Livros.html].

COLEÇÃO 10 LIÇÕES
Coordenador: *Flamarion Tavares Leite*

– *10 lições sobre Kant*
  Flamarion Tavares Leite
– *10 lições sobre Marx*
  Fernando Magalhães
– *10 lições sobre Maquiavel*
  Vinícius Soares de Campos Barros
– *10 lições sobre Bodin*
  Alberto Ribeiro G. de Barros
– *10 lições sobre Hegel*
  Deyve Redyson
– *10 lições sobre Schopenhauer*
  Fernando J.S. Monteiro
– *10 lições sobre Santo Agostinho*
  Marcos Roberto Nunes Costa
– *10 lições sobre Foucault*
  André Constantino Yazbek
– *10 lições sobre Rousseau*
  Rômulo de Araújo Lima
– *10 lições sobre Hannah Arendt*
  Luciano Oliveira
– *10 lições sobre Hume*
  Marconi Pequeno
– *10 lições sobre Carl Schmitt*
  Agassiz Almeida Filho
– *10 lições sobre Hobbes*
  Fernando Magalhães
– *10 lições sobre Heidegger*
  Roberto S. Kahlmeyer-Mertens
– *10 lições sobre Walter Benjamin*
  Renato Franco
– *10 lições sobre Adorno*
  Antonio Zuin, Bruno Pucci e Luiz Nabuco Lastoria
– *10 lições sobre Leibniz*
  André Chagas
– *10 lições sobre Max Weber*
  Luciano Albino
– *10 lições sobre Bobbio*
  Giuseppe Tosi
– *10 lições sobre Luhmann*
  Artur Stamford da Silva
– *10 lições sobre Fichte*
  Danilo Vaz-Curado R.M. Costa
– *10 lições sobre Gadamer*
  Roberto S. Kahlmeyer-Mertens

CATEQUÉTICO PASTORAL

Catequese – Pastoral
Ensino religioso

CULTURAL

Administração – Antropologia – Biografias
Comunicação – Dinâmicas e Jogos
Ecologia e Meio Ambiente
Educação e Pedagogia
Filosofia – História – Letras e Literatura
Obras de referência – Política – Psicologia
Saúde e Nutrição – Serviço Social e Trabalho
Sociologia

TEOLÓGICO ESPIRITUAL

Biografias – Devocionários
Espiritualidade e Mística
Espiritualidade Mariana – Franciscanismo
Autoconhecimento – Liturgia
Obras de referência
Sagrada Escritura e Livros Apócrifos – Teologia

REVISTAS

Concilium – Estudos Bíblicos
Grande Sinal
REB – SEDOC

VOZES NOBILIS

Uma linha editorial especial, com importantes autores, alto valor agregado e qualidade superior.

PRODUTOS SAZONAIS

Folhinha do Sagrado Coração de Jesus
Calendário de mesa do Sagrado Coração de Jesus
Agenda do Sagrado Coração de Jesus
Almanaque Santo Antônio – Agendinha
Diário Vozes – Meditações para o dia a dia
Encontro diário com Deus – Guia Litúrgico

VOZES DE BOLSO

Obras clássicas de Ciências Humanas
em formato de bolso.

CADASTRE-SE
www.vozes.com.br

EDITORA VOZES LTDA.
Rua Frei Luís, 100 – Centro – Cep 25689-900 – Petrópolis, RJ
Tel.: (24) 2233-9000 – Fax: (24) 2231-4676 – E-mail: vendas@vozes.com.br

UNIDADES NO BRASIL: Belo Horizonte, MG – Brasília, DF – Campinas, SP – Cuiabá, MT
Curitiba, PR – Florianópolis, SC – Fortaleza, CE – Goiânia, GO – Juiz de Fora, MG
Manaus, AM – Petrópolis, RJ – Porto Alegre, RS – Recife, PE – Rio de Janeiro, RJ
Salvador, BA – São Paulo, SP